## ... **Títulos relacionados**

### IFCT0310. ADMINISTRACIÓN DE BASES DE DATOS

**[DISPONIBLE CERTIFICADO COMPLETO]**

Solicítalos en

• Librería

• www.paraninfo.es

• Solicitudes nacionales +34 914 463 350

• Solicitudes fuera de España +34 913 308 907
+34 913 308 919

# Bases de datos relacionales y modelado de datos
## UF1471

José Manuel Piñeiro Gómez

© 2025 Ediciones Paraninfo, S. A.
© 2025 José Manuel Piñeiro Gómez

**Maquetación:** Diseño & Control Gráfico

**Impresión:** Liberdigital (Casarrubuelos, Madrid)
**ISBN:** 978-84-283-6394-5
**Depósito legal:** M-20647-2025

Impreso en España

**José Manuel Piñeiro Gómez** es ingeniero en Informática por la Universidad de Deusto y máster oficial en la Sociedad de la Información y el Conocimiento por la Universitat Oberta de Catalunya. Desde el año 2000, es profesor de Enseñanza Secundaria por la especialidad de Informática, impartiendo docencia en ciclos formativos de FP. También ha trabajado como profesor asociado en la Universidad Pública de Navarra y en la Universidad de Burgos, y como profesor colaborador en la Universitat Oberta de Cataluyna. Trabaja como profesor-tutor en el centro asociado de la UNED en Pamplona. Tiene varias publicaciones en el mercado relacionadas con aspectos didácticos de la Informática, las bases de datos y el desarrollo de *software*.

# Índice

# 4. Modelo orientado a objeto ............................................................... 99

# 5. Modelo distribuido y los enfoques para realizar el diseño ................ 117

# Ejercicios resueltos ............................................................................... 131

# Ejercicios propuestos ........................................................................... 161

# Bibliografía ........................................................................................... 173

# Introducción normativa

La Ley Orgánica 3/2022, de 31 de marzo, de ordenación e integración de la Formación Profesional, contiene una disposición derogatoria única que afecta a la regulación de los certificados de profesionalidad, ahora denominados **Certificados Profesionales.** La referida normativa deroga la Ley Orgánica 5/2002, de 19 de junio, de las Cualificaciones y de la Formación Profesional, y abre un escenario de cambios que se irá implementando progresivamente.

La Ley Orgánica 3/2022, de 31 de marzo, de ordenación e integración de la Formación Profesional implica que toda la formación es acumulable. La oferta formativa se estructura de forma escalonada, siendo los Certificados Profesionales un nivel intermedio (Grado C) de una escala que va desde el Grado A hasta el E.

En los artículos 35 a 38 de la Ley 3/2022 se describe en qué consisten estos Certificados Profesionales: su oferta, formación asociada, estructura, duración, acceso, titulación y validez. Posteriormente, esta normativa se completa con lo dispuesto en el Real Decreto 659/2023, de 18 de julio, que desarrolla la ordenación del sistema de Formación Profesional. Concretamente en los artículos 67 a 81 es donde se hace referencia a la oferta formativa de Grado C, correspondiente a los Certificados Profesionales.

Están agrupados en 26 familias profesionales con características comunes del sector. En la actualidad hay más de medio millar de Certificados Profesionales incluidos en el Repertorio Nacional. Esta cifra no deja de crecer. Además, cada certificado está específicamente regulado por un real decreto.

Un Certificado Profesional corresponde al Grado C de la oferta del Sistema de Formación Profesional. Es un documento oficial, con validez en todo el territorio nacional y debe constar en el Catálogo Nacional de Ofertas de Formación Profesional, que certifica la capacitación para el desarrollo de una actividad profesional.

Debe detallar los módulos profesionales superados y los estándares de competencia profesional asociados a él e incluidos en el **Catálogo Nacional de Estándares de Competencias Profesionales**, así como su correspondencia con el Marco Español de Cualificaciones.

Despliegan su validez en un doble ámbito, laboral y académico:

- En el contexto laboral tienen validez profesional, porque acreditan las competencias en una determinada profesión. Para poder trabajar en algunas profesiones, se exigen determinadas cualificaciones, y los certificados sirven para acreditarlas.

- Asimismo, tienen validez académica, puesto que permiten continuar un itinerario formativo siempre que se cumplan los requisitos de acceso para cursar la titulación deseada. De tal modo que, los Certificados Profesionales que sean parte de un Grado D permitirán la matrícula modular para completar los módulos establecidos en el currículo y obtener el correspondiente título de técnico básico, técnico o técnico superior con validez en todo el territorio nacional.

Para obtener un Certificado Profesional (Grado C) es preciso cumplir con los requisitos de acceso para realizar la formación.

## Estructura de los Certificados Profesionales

I. Identificación: denominación, familia y área profesional a la que pertenecen; nivel de cualificación profesional (1, 2 o 3); cualificación profesional de referencia; entorno profesional y módulos formativos que esté previsto cursar junto con la duración de cada uno de ellos.

II. Perfil profesional: incluye las competencias profesionales requeridas en el mercado laboral. En todas ellas se concretan las realizaciones profesionales y los criterios de realización.

III. Formación: describe los módulos formativos que esté previsto cursar para adquirir las competencias requeridas. En cada uno de ellos se indican las capacidades que se pretenden alcanzar y la duración del módulo de prácticas no laborales —PNL—, para el que cabe solicitar exención si se cumplen determinados requisitos.

IV. Prescripciones de las personas formadoras.

V. Requisitos mínimos de espacios, instalaciones y equipamiento.

Los Certificados Profesionales se identifican con una denominación concreta y un código alfanumérico propio, y sirven para acreditar una determinada cualificación profesional. Cada certificado está asociado a una relación de unidades de competencia que, a su vez, se vinculan con una serie de módulos formativos específicos. Algunos módulos están integrados por unidades formativas y tanto unos como otras son, en ocasiones, transversales, lo que significa que se trata de contenidos incluidos en más de un Certificado Profesional.

Los Certificados Profesionales se articulan en tres niveles de competencia profesional (1, 2 y 3) conforme a lo dispuesto en el que será el Catálogo Nacional de Estándares de Competencias Profesionales, anteriormente Catálogo Nacional de Cualificaciones Profesionales (CNCP), según los criterios establecidos de conocimientos, iniciativa, autonomía y complejidad de las tareas, en cada una de las ofertas de Formación Profesional.

La oferta formativa dirigida a la obtención de los Certificados Profesionales tiene carácter modular para favorecer la acreditación parcial acumulable de la formación recibida y posibilitar así el avance en el itinerario de Formación Profesional para cualquiera que sea la situación laboral de cada persona en cada momento.

En definitiva, el Grado C constituye la oferta, parcial y acumulable, del sistema de Formación Profesional, de varios módulos profesionales del catálogo modular de Formación Profesional por razón de su significado en el mercado laboral y conducente a la obtención de un Certificado Profesional.

Las ofertas de Grado C de Formación Profesional tendrán por objeto módulos profesionales incluidos previamente en el catálogo modular de formación profesional y asociados al Catálogo Nacional de Estándares de Competencias Profesionales.

## Finalidad de los Certificados Profesionales

- Contribuir a la ordenación de un Sistema de Formación Profesional al servicio de un régimen de formación y acompañamiento profesionales que sea capaz de responder con flexibilidad a los intereses, expectativas y aspiraciones de cualificación profesional de las personas a lo largo de su vida.

- Combinar escuela y empresa situando a la persona en el centro del sistema.

- Facilitar el aprendizaje permanente de toda la ciudadanía mediante una formación abierta, flexible y accesible, estructurada de forma modular, a través de la oferta formativa asociada al certificado.

- Acreditar las cualificaciones profesionales o las unidades de competencia recogidas en estas, independientemente de su vía de adquisición, bien sea través de la vía formativa, o mediante la experiencia laboral o vías no formales de formación.

- Favorecer, tanto en el ámbito nacional como europeo, la transparencia del mercado de trabajo.

- Contribuir a la calidad de la oferta de Formación Profesional.

# Este libro

El presente libro desarrolla la Unidad Formativa denominada *Bases de datos relacionales y modelado de datos*, UF1471.

Dicha Unidad Formativa está asociada a la Unidad de Competencia UC0225_3, perteneciente a la Cualificación Profesional de referencia IFC0979_3, de nivel 3, incluida en el Certificado Profesional *Administración de bases de datos* de la familia profesional Informática y comunicaciones.

Según el Real Decreto 1531/2011, de 31 de octubre, los contenidos que en esta obra se recogen se corresponden con una duración de 70 horas.

Tanto la estructura como el desarrollo del libro se ajustan al citado Real Decreto y más concretamente a los contenidos de la Unidad Formativa que le da título *Bases de datos relacionales y modelado de datos*.

# Contenido

1. **Bases de datos relacionales**

   - Concepto de base de datos relacional.
   - Ejemplificación.
   - Concepto de modelos de datos. Funciones y sublenguajes (DDL y DML).
   - Clasificación los diferentes tipos de modelos de datos de acuerdo al nivel abstracción:
     - Modelos de datos conceptuales.
     - Modelos de datos lógicos.
     - Modelos de datos físicos.
   - Enumeración de las reglas de Codd para un sistema relacional.

2. **Análisis del modelo relacional y de los elementos que lo integran**

   - Concepto de relaciones y sus propiedades.
   - Concepto de claves en el modelo relacional.
   - Nociones de álgebra relacional.
   - Nociones de cálculo relacional de tuplas para poder resolver ejercicios prácticos básicos.
   - Nociones de cálculo relacional de dominios.

- Teoría de la normalización y sus objetivos:
  - Concepto de dependencias funcionales.
  - Análisis y aplicación de las distintas formas normales: 1.ª, 2.ª, 3.ª, 4.ª, 5.ª forma normal y la forma normal de Óbice-Codd.
  - Ventajas e inconvenientes que justifican una desnormalización de las tablas valoración en diferentes supuestos prácticos.
  - Desarrollo de diferentes supuestos prácticos de normalización de datos incluyendo propuestas de desnormalización de datos.

## 3. Descripción y aplicación del modelo Entidad-Relación para el modelado de datos

- Proceso de realización de diagramas de Entidad-Relación y saberlo aplicar.
- Elementos de:
  - Entidad.
  - Atributo.
  - Relaciones.
- Diagrama entidad relación entendidos como elementos para resolver las carencias de los diagramas entidad-relación simples.
- Elementos de:
  - Entidades fuertes y débiles.
  - Cardinalidad de las relaciones.
  - Atributos en relaciones.
  - Herencia.
  - Agregación.
- Desarrollo de diversos supuestos prácticos de modelización mediante diagramas de Entidad-Relación.

## 4. Modelo orientado a objeto

- Contextualización del modelo orientado a objeto dentro del modelado UML.
- Comparación del modelo de clases con el modelo Entidad-Relación.
- Diagrama de objetos como caso especial del diagrama de clases.

5. **Modelo distribuido y los enfoques para realizar el diseño**

   - Enumeración de las ventajas e inconvenientes respecto a otros modelos.

   - Concepto de fragmentación y sus diferentes tipos:

   - Vertical.

   - Horizontal.

   - Mixto.

   - Enumeración de las reglas de corrección de la fragmentación.

   - Enumeración de las reglas de distribución de datos.

   - Descripción de los esquemas de asignación y replicación de datos.

## ■ Nota del Editor

En Ediciones Paraninfo estamos comprometidos con la calidad de la formación e intentamos que nuestros materiales respondan fielmente y con rigor a las necesidades de todos cuantos confían en nuestro sello editorial.

Tratamos de dar respuesta a los currículos de las unidades formativas y de los módulos que integran los distintos Certificados Profesionales, equilibrando la parte teórica con la práctica para que los procesos de aprendizaje se conviertan en experiencias gratificantes, tanto para docentes como para las personas inmersas en los procesos formativos.

Nuestros objetivos son contribuir de forma decisiva a afianzar aprendizajes, ayudar a adquirir destrezas que tengan significado para el empleo y conseguir potenciar el desarrollo personal.

Para lograrlo contamos con excelentes autores, expertos en las materias que abordan, en la mayoría de los casos docentes de dichas especialidades con dilatada experiencia tanto profesional como académica, porque buscamos perfiles familiarizados con los contextos laborales concretos a los que se refieren nuestros manuales.

Confiamos en poder serte de ayuda y esperamos tus impresiones acerca de nuestro trabajo. Sean positivas o negativas, serán muy bien recibidas y, sin duda, nos ayudarán a seguir mejorando y trabajando con ilusión para continuar siendo un referente en formación para el empleo.

Agradecemos tu confianza en nuestros manuales. Todo nuestro equipo queda a tu total disposición. Puedes contactar con nosotros en esta dirección de correo electrónico:

info@paraninfo.es

# 1. Bases de datos relacionales

# Contenido

## 1.1. Concepto de base de datos relacional

Una base de datos se puede definir como (Piattini *et al.*, 2006): una colección o depósito de datos integrados con redundancia controlada y con una estructura que refleje las interrelaciones y restricciones existentes en el mundo real. Los datos, que han de ser compartidos por diferentes usuarios y aplicaciones, deben mantenerse independientes de estas, y su definición y descripción, únicas para cada tipo de dato, han de estar almacenadas junto con los mismos. Los procedimientos de actualización y recuperación, comunes y bien determinados, habrán de ser capaces de conservar la seguridad (integridad, confidencialidad y disponibilidad) del conjunto de los datos.

Vamos a aclarar algunos conceptos de esta definición:

- A diferencia de lo que ocurre con los sistemas tradicionales de ficheros, en una base de datos no hay datos redundantes. Más bien, en una base de datos son solo redundantes o están repetidos únicamente aquellos datos que es imprescindible que lo estén para que en la base de datos se puedan reflejar las relaciones entre los datos. Esto quiere decir que, por ejemplo, en una base de datos nunca aparecerá repetida la dirección de un cliente, pero sí puede aparecer su NIF repetido en varias tablas para reflejar, por ejemplo, que ese cliente ha realizado un pedido.

- En una base de datos no solo se almacenan datos propiamente dichos, por ejemplo, pedidos realizados por clientes a una empresa o los artículos que vende dicha empresa, sino también relaciones entre los datos, como el cliente que ha realizado cada pedido o los artículos solicitados en cada pedido.

- Las bases de datos están concebidas para su uso en un entorno multiusuario de forma que el administrador de la base de datos debe crear diferentes usuarios y establecer sus respectivos permisos sobre los objetos de la base de datos.

- Los datos de una base de datos son independientes de las aplicaciones o programas que los manejan, lo que quiere decir que la realización de modificaciones sobre los programas no debe implicar modificar la base de datos y viceversa, esto es, la realización de cambios sobre la base de datos no debe implicar modificaciones sobre los programas que actúan sobre la base de datos.

- Junto con los datos, debe estar almacenada su definición y descripción. Esto incluye la indicación del tipo de dato de cada una de las informaciones de que consta la base de datos y las restricciones que llevan asociadas. Por ejemplo, se debe especificar que la edad de una persona debe ser un número entero positivo y su NIF, una cadena de nueve caracteres. Además, la edad de una persona, si solo se pueden registrar datos de personas mayores de edad, tendrá asociada la restricción de que debe ser mayor o igual que 18.

- La integridad de la base de datos se refiere al hecho de que los datos de la misma sean correctos y sean un fiel reflejo del mundo real.

- Conservar la confidencialidad de la base de datos se refiere a garantizar que solo tengan acceso a la base de datos las personas que tengan permiso para ello y además que, tras acceder a la base de datos, solo puedan llevar a cabo aquellas operaciones para las que tienen concedida la correspondiente autorización.

- También se debe garantizar la disponibilidad de la base de datos, esto es, que la base de datos siempre esté preparada para su utilización por parte de todos los usuarios y aplicaciones que deban utilizarla.

Por su parte, un sistema gestor de bases de datos (SGBD) es una colección de programas que facilitan la labor de gestionar la base de datos en su conjunto. En general, como indican Oltra *et al.* (2006), «el SGBD se encargará de gestionar el correcto funcionamiento interno de la base de datos, en lo que se refiere al control de la concurrencia y de la integridad, además de facilitar a los usuarios la creación, el mantenimiento y, en ocasiones, el diseño de dicha base de datos».

A lo largo de la historia se han venido utilizando diferentes tipos de bases de datos: jerárquicas, en red, relacionales y orientadas a objetos. Dado que son las bases de datos relacionales las que se utilizan mayoritariamente hoy en día, son las que estudiaremos en mayor medida.

## 1.2. Ejemplificación

En una base de datos relacional los datos se almacenan en relaciones y una relación se puede representar por medio de una tabla.

Toda relación tiene un nombre y consta de un conjunto de filas y columnas. Las columnas se corresponden con los atributos de la relación o propiedades de la misma. Por su parte, las filas se llaman también tuplas y cada tupla contiene una serie de valores para cada uno de los atributos de la relación.

El número de columnas de una relación se llama grado y el número de filas, cardinalidad.

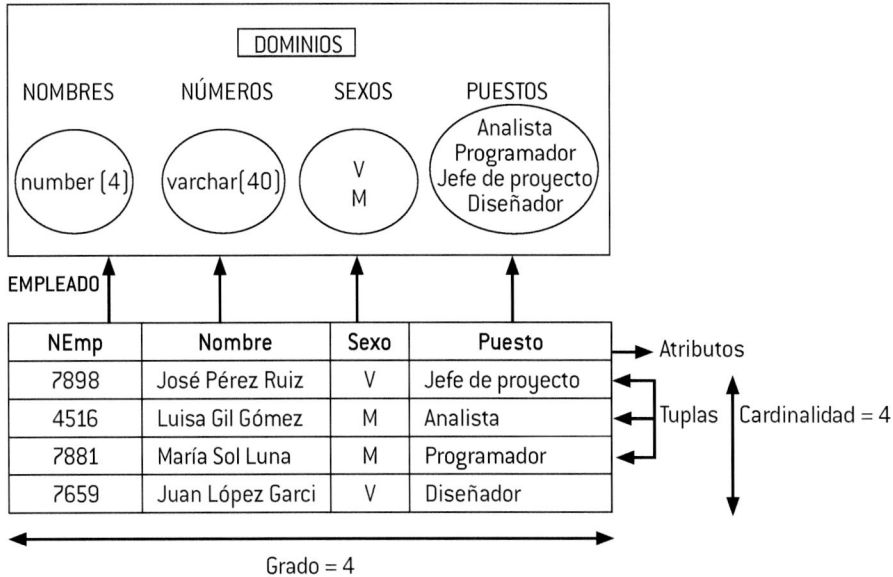

**Figura 1.1.** Ejemplo de relación.

La cabecera de una relación es la parte estática de la misma, es decir, aquella que se ve modificada muy de vez en cuando, y consta de un conjunto de atributos con sus dominios subyacentes. Un dominio es el conjunto de valores permitidos para un atributo. Por ejemplo, el dominio para el atributo *Sexo* se puede llamar *Sexos* e incluye solo dos posibles valores: V (que hace referencia a varón) y M (que hace referencia a mujer). El dominio para el atributo *Nombre* se puede llamar *Nombres* y hace referencia a cualquier cadena de hasta 40 caracteres.

Por su parte, el cuerpo de la relación es la parte dinámica de la misma y está constituido por una serie de tuplas que van variando con el paso del tiempo a medida que los usuarios introducen, eliminan y modifican datos.

El hecho de que una relación se represente por medio de una tabla es lo que ha originado el que en muchos casos se utilice el término tabla para hacer referencia a relación, columna para hacer referencia a atributo y fila para hacer referencia a tupla.

No obstante, es interesante tener en cuenta que aunque una relación se pueda representar en forma de tabla, tiene una serie de elementos característicos que la distinguen de una tabla, ya que en una relación no se permiten tuplas duplicadas y en una tabla sí que puede haber filas repetidas. Además, las filas y las columnas no están ordenadas y en el cruce de una fila y una columna solo puede haber un valor (no se admiten atributos multivaluados).

Se define clave candidata de una relación como un conjunto de atributos que identifican unívoca y mínimamente cada tupla de la relación. El que identifican unívocamente a cada tupla quiere decir que no va a poder haber en una relación de varias tuplas con el mismo valor para esa clave candidata. La condición de minimalidad hace referencia a que el conjunto de atributos es el más pequeño posible, es decir, si un atributo ya permite identificar a cada tupla, no tiene sentido que la clave candidata esté formada por ese atributo y algún otro. En la relación de la Figura 1.1. el atributo *NEmp* es clave candidata, ya que no puede haber dos empleados con el mismo valor para este atributo. Si además supiésemos que no va a haber dos empleados con el mismo nombre, entonces el atributo *Nombre* también sería clave candidata.

Como acabamos de ver, una relación puede tener más de una clave candidata, entre las cuales se debe distinguir entre clave primaria y claves alternativas:

- Clave primaria: es aquella clave candidata elegida para identificar las tuplas de la relación. Cuando solo existe una clave candidata, esta será la clave primaria. Por ejemplo, en la relación *Empleado* del ejemplo, podemos elegir *NEmp* como clave primaria.

- Claves alternativas: son aquellas claves candidatas que no han sido escogidas como clave primaria. En el ejemplo de la relación *Empleado*, el atributo *Nombre* sería una clave alternativa si no pudiese haber varios empleados con el mismo nombre.

Otro tipo de claves existentes en el modelo relacional son las claves ajenas o foráneas. Una clave foránea es un conjunto de atributos de una relación cuyos valores deben coincidir con los valores de la clave primaria de otra relación. Debe tenerse en cuenta que la clave ajena y la correspondiente clave primaria deben estar definidas sobre el mismo dominio.

## 1.3. Concepto de modelos de datos. Funciones y sublenguajes (DDL y DML)

Cuando queremos crear una base de datos, tenemos como objetivo representar de manera organizada en un dispositivo de almacenamiento una parte de la realidad que nos rodea, con el fin de poder trabajar con esa información de manera más rápida y eficiente que si lo tuviésemos que hacer de forma manual. Pues bien, esa parte de la realidad que deseamos modelar mediante una base de datos es lo que se denomina universo del discurso (UD).

Para poder crear una base de datos se emplean como herramienta los denominados modelos de datos. Podemos definir un modelo de datos como un conjunto de símbolos, conceptos y reglas que nos permiten representar los datos que se van a almacenar en una base de datos. El resultado de la aplicación de un modelo de datos, es decir, la plasmación de la parte de la realidad para la cual deseamos crear la base de datos (UD) mediante el empleo de un determinado modelo de datos, da lugar a lo que se denomina un esquema. Existen varios tipos de modelos de datos aplicables en distintos momentos a lo largo del proceso de creación de una base de datos (modelos conceptuales, modelos lógicos y modelos físicos) dando lugar a diferentes tipos de esquemas (esquemas conceptuales, esquemas lógicos y esquemas físicos, respectivamente).

Los modelos de datos tienen una parte estática y una parte dinámica:

- La estática de un modelo de datos consta de elementos permitidos y elementos no permitidos o restricciones:

  — Los elementos permitidos no son los mismos para todos los modelos, pero la mayoría de ellos incluyen los siguientes:

    - Entidades.

    - Atributos o propiedades de las entidades.

    - Dominios o conjuntos de valores sobre los que se definen los atributos.

    - Relaciones o asociaciones entre objetos.

    La manera de representar estos elementos depende del modelo, pero, por lo general, se hace en forma de grafo.

  — Elementos no permitidos o restricciones: se trata de lo que se pueden considerar ocurrencias no permitidas, es decir, ciertos valores que no se pueden almacenar en una base de datos. Las restricciones pueden ser de dos tipos:

    - Restricciones inherentes: son restricciones que impone el propio modelo de datos en cuestión, el cual no permite ciertas estructuras. Así, una restricción inherente al modelo relacional es que en una relación no puede haber dos tuplas iguales.

    - Restricciones semánticas o de usuario: son aquellas que tienen como objetivo que el modelo de datos refleje de la mejor manera posible el mundo real. Las restricciones suelen afectar al conjunto de valores que toma un atributo. Así, por ejemplo, si tenemos un atributo llamado edad, una restricción semántica aplicable podría ser que la edad solo puede tomar valores enteros entre 0 y 120.

- La dinámica de un modelo de datos consta de un conjunto de operadores que se definen sobre la estructura del correspondiente modelo. Los valores de los datos almacenados en un esquema se llaman ocurrencia del esquema o estado de la base de datos en un instante de tiempo $t_i$ ($BD_i$). Pues bien, la aplicación de una operación sobre una ocurrencia del esquema transforma a esta en otra ocurrencia.

$$O\left(BD_i\right) = BD_j$$

Por ejemplo, si tenemos guardados en una tabla de una base de datos los datos de cinco clientes, eso constituye una ocurrencia del esquema. Si añadimos un nuevo cliente, es decir, si realizamos la operación de inserción de un nuevo cliente, llegamos a otra ocurrencia del esquema o nuevo estado de la base de datos, en el que ya no hay cinco clientes almacenados, sino seis.

Se van a indicar a continuación los pasos secuenciales que es necesario llevar a cabo para crear una base de datos:

- Diseño conceptual: consiste en representar el UD usando un modelo de datos conceptual, obteniendo de esta forma lo que se denomina un esquema conceptual. Estos modelos son altamente semánticos e independientes del tipo de base de datos que se vaya a utilizar con posterioridad. Esto quiere decir que esta tarea se puede llevar a cabo aun desconociendo el SGBD que se vaya a utilizar en fases posteriores. El modelo de datos masivamente utilizado en la actualidad en el ámbito mundial para la realización de esta tarea es el modelo Entidad-Interrelación o modelo Entidad-Relación (modelo E-R).

- Diseño lógico: consiste en transformar el esquema conceptual obtenido en la fase anterior en un esquema lógico aplicando una serie de reglas de transformación dependientes del modelo lógico y, por tanto, del tipo de base datos que deseemos crear. Los modelos lógicos que se han venido empleando a lo largo de la historia para las bases de datos son, en orden cronológico, el modelo jerárquico, el modelo en red y el modelo relacional.

- Diseño físico: consiste en transformar el esquema lógico obtenido en la fase anterior en un esquema físico, lo que requiere crear en un SGBD concreto todos los elementos de que consta la base de datos: dominios, tablas, restricciones, índices, etc.

### 1.3.1. Arquitectura de los sistemas de bases de datos

Uno de los objetivos de un SGBD es evitar a los usuarios los detalles relativos a la forma en que los datos se almacenan y se mantienen, por lo que el administrador de la base de datos debe describir la estructura de los datos en varios niveles que conforman lo que se conoce como arquitectura de los sistemas de bases de datos. La arquitectura más estandarizada es la que cumple con los requerimientos de la normativa ANSI/X3/SPARC, surgida en 1977, que establece que la arquitectura de una base de datos debe poseer tres niveles de abstracción:

- Nivel físico: es el nivel más bajo de abstracción, en el que se describe cómo se almacenan físicamente los datos: el tamaño de los bloques de datos, los métodos de direccionamiento, los índices, etc.

- Nivel lógico o conceptual: en este nivel se describe a nivel lógico la totalidad de los datos que van a ser almacenados en la base de datos mediante la especificación de las entidades (por ejemplo, clientes, pedidos y artículos), atributos o propiedades de las entidades (por ejemplo, NIF, nombre, dirección y teléfono del cliente; referencia y fecha del pedido, etc.), relaciones entre las entidades, restricciones de integridad y restricciones de confidencialidad. Este nivel y el anterior son utilizados solo por el administrador de la base de datos.

- Nivel externo o de vistas: muchos usuarios no tienen por qué trabajar con toda la información almacenada en la base de datos, pues precisan solo una parte de ella. Para dar una respuesta adecuada a esta situación se define para cada usuario una vista externa o subesquema de la base de datos, que será, por tanto, la visión que de la base de datos tiene cada usuario. Una vista será un subconjunto de la estructura lógica global de la base de datos definida en el anterior nivel.

### 1.3.2. Funciones de un SGBD. Sublenguajes

Las funciones esenciales de un SGBD son la función de definición o descripción, la función de manipulación y la función de control o utilización.

### 1.3.2.1. Función de definición. DDL

Esta función debe permitir al diseñador de la base de datos especificar los elementos de datos que la integran, su estructura y las relaciones que existen entre ellos, las reglas de integridad y de confidencialidad, así como las características de tipo físico y las vistas de los usuarios. Esta función, que se lleva a cabo mediante el empleo de un lenguaje de definición de datos (DDL: *Data Definition Language*) debe suministrar, por tanto, los medios necesarios para definir las estructuras física, lógica global y externas, correspondientes a cada uno de los niveles de la arquitectura ANSI/X3/SPARC.

Al crear una base de datos, se deben definir objetos como tablas, vistas, índices, disparadores, procedimientos, funciones, etc. Los DDL dan la posibilidad de crear estos elementos (mediante sentencias de tipo CREATE), modificar su definición (mediante sentencias de tipo ALTER) y eliminarlos (mediante sentencias de tipo DROP).

### 1.3.2.2. Función de manipulación. DML

Esta función ha de permitir a los usuarios consultar y actualizar los datos almacenados en la base de datos. La actualización de una base de datos puede implicar tres tipos de operaciones:

- Inserción o adición de nuevos datos, por ejemplo, añadir los datos de un nuevo artículo que vende la empresa.

- Borrado o eliminación, por ejemplo, eliminar los datos de un artículo que la empresa ha dejado de vender.

- Modificación, por ejemplo, el cambio del precio de un determinado artículo.

Esta función de manipulación se llevará a cabo por medio de un lenguaje de manipulación de datos (DML: *Data Manipulation Language*). Estos lenguajes se pueden clasificar atendiendo a diferentes criterios:

- Según la posibilidad de emplear el DML de manera independiente o no, podemos hablar de lenguajes huésped, autocontenidos o duales. Los DML huésped son aquellos cuyas instrucciones de manipulación de datos deben embeberse en otro lenguaje de programación (lenguaje anfitrión). Los DML autocontenidos, por su parte, son lenguajes autosuficientes que pueden ser empleados por usuarios con pocos conocimientos de programación para, desde un terminal y de un modo interactivo, acceder a la base y manipular los datos almacenados en ella sin necesidad de apoyarse en un lenguaje de programación. Los lenguajes, como el SQL, que pueden operar como huésped o como autocontenido, reciben el nombre de lenguajes duales.

- Según el detalle con el que sea preciso especificar el procedimiento para acceder a los datos y consultarlos o actualizarlos, tenemos lenguajes muy procedimentales o poco procedimentales. En el primer caso, es preciso especificar detalladamente dicho procedimiento; en el caso de los poco procedimentales, sin embargo, basta con indicar qué operación se desea llevar a cabo, obviando el cómo realizarlo, el algoritmo. Los lenguajes orientados a usuarios con pocos conocimientos informáticos deben ser poco procedimentales.

- Según la manera de recuperar y/o actualizar los datos, podemos distinguir entre lenguajes de especificación y lenguajes navegacionales. En el primer caso, cada sentencia del DML puede recuperar o actualizar un conjunto de registros que satisfagan un criterio de selección especificado; en el caso de los lenguajes navegacionales, cada sentencia recupera o actualiza un solo registro, siendo el programador el encargado de indicar el camino que se debe recorrer hasta llegar al registro buscado.

### 1.3.2.3. Función de control. DCL

Esta función integra una serie de instrumentos que facilitan la tarea del administrador de la base de datos. Incluye, por un lado, las utilidades para la gestión de usuarios y permisos y, por otro lado, las que permiten la administración del sistema. Con respecto a estas últimas, hemos de tener en cuenta que los administradores deben monitorizar el funcionamiento de la base de datos, realizar copias de seguridad, proteger la base de datos frente a accesos no autorizados, etc.

Algunas de las tareas de la función de control se llevarán a cabo por medio de un lenguaje de control de datos (DCL: *Data Control Language*).

## 1.4. Clasificación de los diferentes tipos de modelos de datos de acuerdo al nivel de abstracción

Como se indicó en el Apartado 1.2 del capítulo, existen varios tipos de modelos de datos aplicables en distintos momentos a lo largo del proceso de creación de una base de datos (modelos conceptuales, modelos lógicos y modelos físicos). Estos modelos se emplean en las fases del diseño de bases de datos llamadas diseño conceptual, diseño lógico y diseño físico, respectivamente.

### 1.4.1. Modelos de datos conceptuales

Los modelos de datos conceptuales son los primeros que se emplean en el proceso de creación de una base de datos. También reciben el nombre de modelos lógicos basados en objetos y son modelos altamente semánticos e independientes del tipo de base de datos que se pretenda crear.

En estos modelos se describen los datos del universo del discurso tal y como los captamos en el mundo real, esto es, alejados de su implementación en el ordenador en un SGBD concreto.

El modelo de datos conceptual más empleado en la actualidad y utilizado desde hace ya más de 40 años es el modelo Entidad-Interrelación, más conocido como modelo Entidad-Relación o modelo E-R. Este fue propuesto por Peter Chen en el año 1976. Posteriormente, otros autores realizaron aportaciones al modelo propuesto por Chen, dando lugar a lo que se conoce como el modelo extendido Entidad-Relación. Otro modelo conceptual importante en la actualidad es el modelo orientado a objetos, que surgió posteriormente y que difiere con respecto al modelo E-R en que en él no solo se representan los elementos de datos, sino también las operaciones o métodos aplicables sobre esos elementos de datos.

### 1.4.1.1. Modelo E-R

Este modelo se estudiará con detenimiento en el Capítulo 3. No obstante, aquí se realizará una somera presentación del mismo. Pues bien, los elementos básicos del modelo E-R propuesto por Chen son las entidades, las relaciones y los atributos:

- Una entidad se puede definir como cualquier objeto sobre el que se desea almacenar información en la base de datos. Por ejemplo, si se va a crear una base de datos para una biblioteca, podrían ser entidades los libros, los usuarios de la biblioteca, los autores de los libros, etc. Las entidades se representan por medio de rectángulos en cuyo interior se incluye el nombre de la entidad. Una ocurrencia de una entidad es cada una de las realizaciones concretas de una entidad en el mundo real, o lo que es lo mismo, cada instancia de una entidad. Por ejemplo, una ocurrencia de la entidad *Libro* sería el libro llamado *Bases de datos relacionales y modelado de datos* de la editorial Paraninfo.

- Una relación es una asociación o correspondencia entre entidades. Así, por ejemplo, entre las entidades *Libro* y *Autor* se puede establecer una relación que refleje el hecho de que «un autor escribe uno o varios libros». Las relaciones se representan por medio de un rombo en cuyo interior aparece el nombre de la relación.

- Un atributo es cada una de las características de una entidad o de una relación. Así, por ejemplo, la entidad *Libro* puede tener como atributos un código, el ISBN, el título, el número de páginas, etc. Los atributos se pueden representar de diferentes maneras; una de ellas consiste en dibujar un óvalo con el nombre del atributo en su interior y unido mediante una línea a la entidad o a la relación correspondiente.

En la Figura 1.2. se muestra un ejemplo de esquema E-R aplicable a una biblioteca.

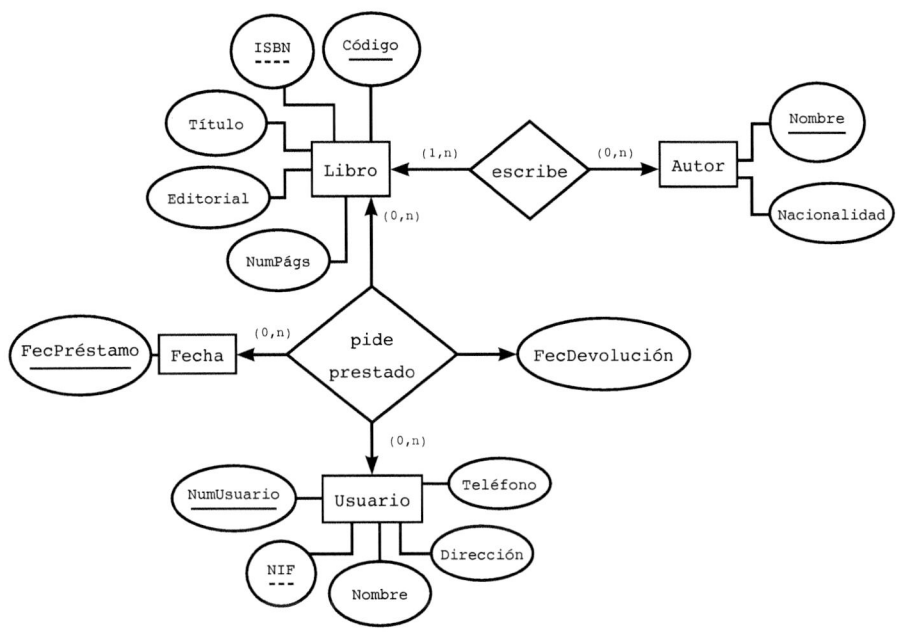

**Figura 1.2.** Esquema E-R para una biblioteca.

### 1.4.1.2. Modelo orientado a objetos

Este modelo se estudiará con detenimiento en el Capítulo 4. No obstante, aquí se realizará una somera presentación del mismo. Pues bien, el modelo orientado a objetos se puede considerar en cierto modo una ampliación del modelo Entidad-Relación. Este modelo surgió como parte de las metodologías de análisis y diseño orientado a objetos, que comenzaron su andadura durante los años 80 del siglo pasado. A partir del año 1996 se integraron varios de los métodos de análisis y diseño orientado a objetos, dando lugar a la aparición del Lenguaje de Modelado Unificado (UML), cuya última versión es la 2.4.1, que data del año 2011. UML establece las normas que se deben seguir a la hora de elaborar distintos tipos de diagramas, entre ellos, los diagramas de clases, que son los que se obtienen cuando se realiza diseño de bases de datos empleando el modelo orientado a objetos.

Los elementos básicos del modelo orientado a objetos son: las clases, con sus atributos y métodos, y las relaciones que se pueden establecer entre las clases.

- Una clase se puede definir, al igual que una entidad en el modelo E-R, como cualquier objeto sobre el que se desea almacenar información en la base de datos.

- Un atributo es cada una de las características de una clase, cada uno de los datos que se desea almacenar sobre ella.

- Un método es cada una de las operaciones aplicables sobre una clase. Por ejemplo, para la clase *Libro* serían métodos posibles pedir prestado y devolver un libro por parte de un usuario de la biblioteca.

- Una relación es una asociación entre clases. En UML existen diferentes tipos de relaciones: asociación, jerarquía o generalización, agregación y composición, cada una de las cuales se representa de una manera distinta.

En la Figura 1.3 se muestra un diagrama de clases aplicable a una biblioteca.

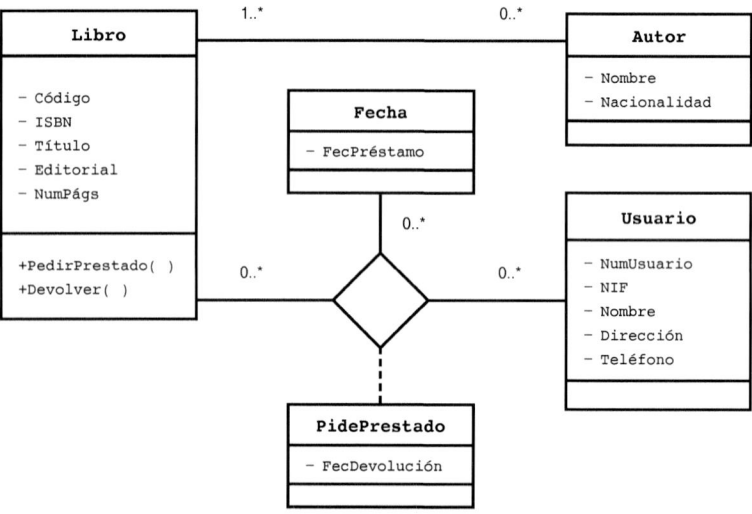

**Figura 1.3.** Diagrama de clases para una biblioteca.

## 1.4.2. Modelos de datos lógicos

Los modelos de datos lógicos se emplean para crear un esquema lógico que represente la estructura de la base de datos que se va a crear. El esquema lógico se crea a partir del esquema conceptual obtenido en la fase previa de diseño conceptual y, para ello, se aplican sobre el esquema conceptual una serie de reglas de transformación que son diferentes dependiendo del tipo de base de datos que se vaya a utilizar. Así, cronológicamente han existido a lo largo de la historia las bases de datos jerárquicas, en red, las relacionales y las orientadas a objetos, por lo que podemos hablar de cuatro modelos de datos lógicos: el modelo jerárquico, el modelo en red, el modelo relacional y el orientado a objetos. El más empleado en la actualidad es el modelo relacional, al que se dedica la presente obra.

Recientemente han surgido nuevos modelos de bases de datos conocidos con el nombre de bases de datos NoSQL o bases de datos no relacionales, con el objetivo de dar respuesta al manejo de grandes volúmenes de datos que circulan por Internet a gran velocidad y con formatos muy variados (vídeo, texto, etc.). En este contexto, es posible distinguir nuevos modelos de bases de datos como las bases de datos clave-valor, las documentales, las de columnas o las basadas en grafos. El estudio de estos modelos de datos no es objeto del presente libro.

### 1.4.2.1. Modelo jerárquico

En el modelo de datos jerárquico se utilizan árboles para la representación lógica de los datos, en los que un padre (parte superior) puede tener cualquier número de hijos, pero cada hijo pertenece a un único padre. Existe en la estructura un nodo raíz que puede tener cualquier número de hijos, cada uno de los cuales a su vez puede tener cualquier número de hijos, y así sucesivamente. En la Figura 1.4 se muestra un diagrama de estructura de árbol con dos tipos de registros: departamento y empleado, donde en un departamento pueden trabajar varios empleados. También se puede ver en la Figura 1.4 una posible instancia de la base de datos.

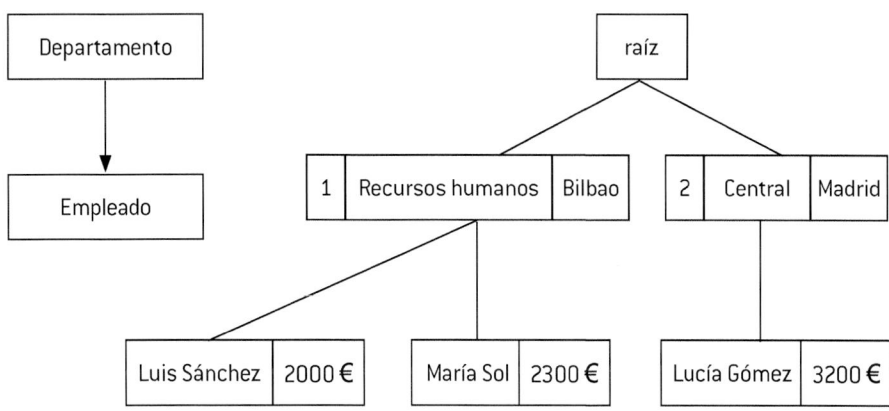

**Figura 1.4.** Esquema de una base de datos jerárquica.

### 1.4.2.2. Modelo en red

El modelo de datos en red se basa en la utilización de una estructura no lineal en la que cada registro hijo puede tener más un nodo padre. Las entidades se representan como nodos de un grafo y las asociaciones o interrelaciones entre estas, mediante los arcos que unen dichos nodos. Un conjunto es una relación entre dos o más tipos de registros, que permite la navegación entre los registros.

El modelo en red más extendido es el Codasyl. En la Figura 1.5 se muestra un ejemplo de representación de la información en este modelo de datos.

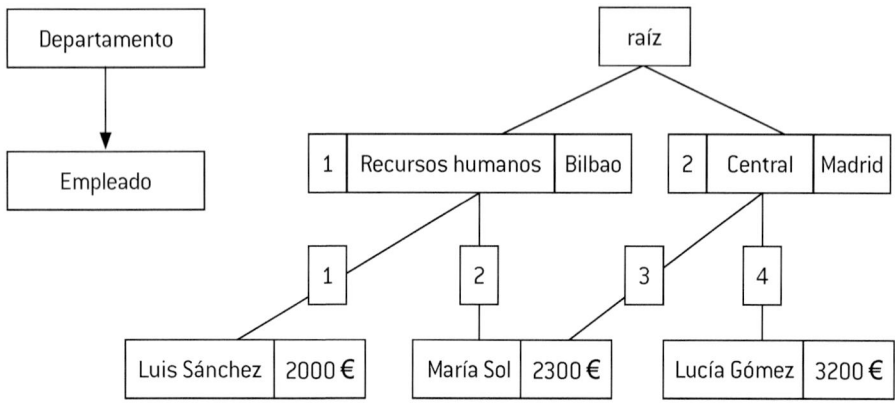

**Figura 1.5.** Esquema de una base de datos en red.

### 1.4.2.3. Modelo relacional

El modelo relacional es posterior a los dos modelos anteriores (jerárquico y en red) y fue desarrollado por Codd en 1970. En el modelo relacional se emplean tablas para la representación lógica de los datos y las relaciones entre ellos.

Se llama tupla a cada fila de la tabla y campo o atributo a cada columna de la tabla. Una clave es un atributo o conjunto de atributos que identifica de manera única a cada tupla. En la Figura 1.6 se representa la información que se podría almacenar en una base de datos relacional que contiene información sobre los departamentos de que consta una empresa y los empleados que trabajan en ella.

**Departamento**

| NumDep | NomDep | LocDep |
|--------|--------|--------|
| 1 | Recursos humanos | Bilbao |
| 2 | Central | Madrid |

**Empleado**

| NomEmp | SalEmp | NumDep |
|--------|--------|--------|
| Luis Sánchez | 2000 | 1 |
| María Sol | 2300 | 1 |
| Lucía Rodríguez | 3200 | 2 |

**Figura 1.6.** Esquema de una base de datos relacional con datos.

Si se desea obtener el esquema relacional de una base de datos para la que se ha obtenido con anterioridad un esquema conceptual, es necesario aplicar una serie de reglas de transformación que serán objeto de estudio en el Capítulo 3. Así, por ejemplo, para el esquema E-R de la Figura 1.2, el esquema relacional que se obtendría aplicando dichas reglas de transformación sería el siguiente, donde al lado de cada relación se indican entre paréntesis y separados por comas los atributos, se subraya la clave primaria de cada relación y se trazan flechas desde cada clave ajena a la correspondiente clave primaria:

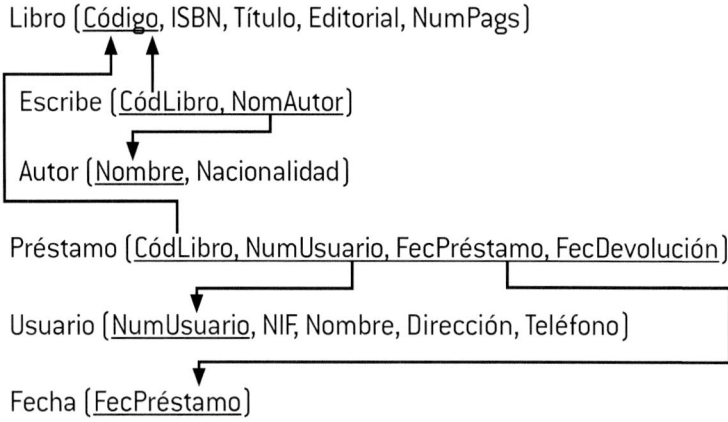

Libro (<u>Código</u>, ISBN, Título, Editorial, NumPags)

Escribe (<u>CódLibro, NomAutor</u>)

Autor (<u>Nombre</u>, Nacionalidad)

Préstamo (<u>CódLibro, NumUsuario, FecPréstamo</u>, FecDevolución)

Usuario (<u>NumUsuario</u>, NIF, Nombre, Dirección, Teléfono)

Fecha (<u>FecPréstamo</u>)

**Figura 1.7.** Esquema de una base de datos relacional.

El modelo relacional es el modelo más empleado en la actualidad, por lo que es el que se va a estudiar en detalle en el presente libro. Algunos SGBD relaciones comerciales son Oracle, SQL Server, MySQL, etc.

### 1.4.2.4. Modelo orientado a objetos

Este modelo está basado en el paradigma de los lenguajes de programación orientados a objetos, que en este momento son ampliamente utilizados en el ámbito del desarrollo de *software*. La diferencia de este modelo en relación con los precedentes es que en él no solo se representan los elementos de datos, sino también las operaciones o métodos aplicables sobre esos elementos de datos.

### 1.4.3. Modelos de datos físicos

La última fase del diseño de una base de datos es el diseño físico, que consiste en crear en un sistema gestor de bases de datos (SGBD) concreto todos los elementos de que consta la base de datos. Si se trata de una base de datos relacional, como la mayoría de las que se emplean hoy en día, implicaría crear tablas, índices, vistas, disparadores, etc.

La creación de todos estos elementos se puede llevar a cabo de dos maneras: empleando asistentes con facilidades gráficas o mediante el empleo del lenguaje de definición de datos (DDL) que proporcione el SGBD que se esté utilizando. Por esto, en función del SGBD que se emplee, esta tarea se llevará a cabo de distinta forma.

Una base de datos relacional consta siempre de una o varias tablas. Para crear estas tablas mediante el DDL SQL se emplea la instrucción CREATE TABLE. Para cada tabla será necesario indicar cada uno de los atributos de que consta. A su vez, por cada uno de estos será necesario indicar:

- El nombre del atributo.
- El tipo de dato del atributo (numérico entero, numérico real, cadena de caracteres de longitud fija, cadena de caracteres de longitud variable, fecha, etc.).
- Las restricciones asociadas al atributo (clave primaria, clave ajena, valor único, restricciones de usuario, etc.).

Así, por ejemplo, para crear en el SGBD PostgreSQL la base de datos relacional cuyo esquema lógico aparece en la Figura 1.7, se emplearían las siguientes instrucciones CREATE TABLE:

```
CREATE TABLE Libro
(Código int PRIMARY KEY CONSTRAINT CK_CódigoLibro CHECK (Código > 0),
ISBN char(13) NOT NULL CONSTRAINT UQ_ISBNLibro UNIQUE,
Título varchar(80) NOT NULL COLLATE "es-ES-x-icu",
Editorial varchar(50) NOT NULL COLLATE "es-ES-x-icu",
NumPágs int NOT NULL CONSTRAINT Ck_NumPágsLibro CHECK(NumPágs > 0));

CREATE TABLE Autor
(Nombre varchar(40) COLLATE "es-ES-x-icu" PRIMARY KEY,
Nacionalidad varchar(30) COLLATE "es-ES-x-icu");

CREATE TABLE Escribe
(CódLibro int,
NomAutor varchar(40),
CONSTRAINT PK_Escribe PRIMARY KEY (CódLibro, NomAutor),
CONSTRAINT FK_CódLibroEscribe FOREIGN KEY(CódLibro) REFERENCES
Libro(Código),
CONSTRAINT FK_NomAutorEscribe FOREIGN KEY(NomAutor) REFERENCES
Autor(Nombre));

CREATE TABLE Usuario
(NumUsuario serial PRIMARY KEY,
NIF char(9) NOT NULL CONSTRAINT UQ_NIFUsuario UNIQUE,
```

```
Nombre varchar(40) COLLATE "es-ES-x-icu" NOT NULL,
Dirección varchar(60) COLLATE "es-ES-x-icu",
Teléfono char(9));

CREATE TABLE Fecha
(FecPréstamo date PRIMARY KEY);

CREATE TABLE Préstamo
(CódLibro int,
NumUsuario int,
FecPréstamo date,
FecDevolución date,
CONSTRAINT CK_FechasPréstamo CHECK (FecDevolución >= FecPréstamo),
CONSTRAINT PK_Préstamo PRIMARY KEY (CódLibro, NumUsuario, FecPréstamo),
CONSTRAINT FK_CódLibroPréstamo FOREIGN KEY(CódLibro) REFERENCES
Libro(Código),
CONSTRAINT FK_NumUsuarioPréstamo FOREIGN KEY(NumUsuario) REFERENCES
                                Usuario(NumUsuario),
CONSTRAINT FK_FecPréstamoPréstamo FOREIGN KEY(FecPréstamo) REFERENCES
                                Fecha(FecPréstamo));
```

## 1.5. Enumeración de las reglas de Codd para un sistema relacional

En el año 1984 Codd publicó las doce reglas que un verdadero sistema relacional debería cumplir. Es difícil que se lleguen a cumplir algunas de estas reglas, por lo que en realidad se puede decir que un sistema de base de datos será más relacional cuanto en mayor medida siga estas reglas:

- Regla 0. Para que un sistema se denomine sistema de gestión de bases de datos relacionales, este sistema debe usar exclusivamente sus capacidades relacionales para gestionar la base de datos.

- Regla 1. Regla de la información: toda la información en una base de datos relacional se representa explícitamente en el nivel lógico mediante tablas y solo mediante valores en tablas. Esto implica que los metadatos, que contienen información sobre la estructura de la base de datos (tablas existentes en ella, índices, etc.) se representan y se manipulan exactamente igual que los datos de usuario, usando incluso el mismo lenguaje para acceder a los datos y a los metadatos.

- Regla 2. Regla del acceso garantizado: todos y cada uno de los datos de una base de datos relacional son accesibles a nivel lógico utilizando una combinación de nombre de tabla, valor de clave primaria y nombre de columna.

- Regla 3. Tratamiento sistemático de valores nulos: los valores nulos (que son diferentes de la cadena vacía, blancos, cero, etc.) se soportan en los SGBD totalmente relacionales para representar información desconocida y/o no aplicable, independientemente del tipo de dato.

- Regla 4. Catálogo dinámico en línea basado en el modelo relacional: la descripción de la base de datos se representa a nivel lógico de la misma manera que los datos normales, de modo que los usuarios autorizados puedan aplicar el mismo lenguaje relacional a su consulta, igual que lo aplican a los datos normales.

- Regla 5. Regla del sublenguaje de datos completo: un sistema relacional debe soportar varios lenguajes y varios modos de uso de terminal (ejemplo, rellenar formularios). Sin embargo, debe existir al menos un lenguaje cuyas sentencias sean expresables mediante una sintaxis bien definida, como cadenas de caracteres, y que sea completo soportando:

  — Definición de datos.

  — Definición de vistas.

  — Manipulación de datos (interactiva y por programa).

  — Restricciones de integridad.

  — Limitantes de transacciones (iniciar, realizar, deshacer).

- Regla 6. Regla de actualización de vistas: todas las vistas que son teóricamente actualizables se pueden actualizar también por el sistema.

- Regla 7. Inserción, actualización y borrado de alto nivel: la capacidad de manejar una relación base o derivada como un solo operando se aplica no solo a la recuperación de datos (consultas), sino también a la inserción, actualización y borrado de datos. Esto quiere decir que el lenguaje de manejo de datos debe ser de especificación, es decir, debe permitir, por ejemplo, modificar y borrar varias tuplas de una tabla de manera conjunta (no un registro cada vez).

- Regla 8. Independencia física de datos: los programas de aplicación y actividades de terminal permanecen inalterados a nivel lógico sean cuales sean los cambios efectuados tanto en la representación del almacenamiento como en los métodos de acceso.

- Regla 9. Independencia lógica de datos: los programas de aplicación y actividades de terminal permanecen inalterados a nivel lógico sean cuales sean los cambios que se realicen a las tablas base que preserven la información.

- Regla 10. Independencia de integridad: las restricciones de integridad específicas para una base de datos relacional deben poder ser definidas en el sublenguaje de datos relacional y almacenadas en el catálogo, no en los programas de aplicación.

- Regla 11. Independencia de distribución: una base de datos es independiente de la distribución, lo que quiere decir que se puede trabajar con una base de datos distribuida en varios ordenadores como con una base de datos centralizada. Existen tres tipos de transparencia de distribución:

  — Transparencia de localización: el usuario que trabaja con una base de datos distribuida debe tener la impresión de que trabaja con una base de datos local.

  — Transparencia de fragmentación: el usuario no se debe dar cuenta de si la relación con la que trabaja está o no fragmentada, es decir, dividida en varias partes o fragmentos ubicados en diferentes localizaciones.

  — Transparencia de replicación: el usuario no se debe dar cuenta de que pueden existir copias o réplicas de una misma relación en diferentes lugares.

- Regla 12. Regla de la no subversión: si un sistema relacional tiene un lenguaje de bajo nivel (lenguaje navegacional o de un registro cada vez), ese bajo nivel no puede ser usado para subvertir (saltarse) las reglas de integridad y las restricciones expresadas en los lenguajes relacionales de más alto nivel (lenguajes de especificación).

# 2. Análisis del modelo relacional y de los elementos que lo integran

# Contenido

## 2.1. Concepto de relaciones y sus propiedades

Como se indicó en el Capítulo 1 en una base de datos relacional los datos se almacenan en relaciones y una relación se puede representar por medio de una tabla. También se explicaron en el pasado capítulo los conceptos de tupla (fila de una tabla) y atributo (columna de una tabla), grado (número de atributos de una relación) y cardinalidad (número de tuplas de una relación).

Ahora se va a proporcionar una definición más rigurosa y matemática de relación: una relación R sobre un conjunto de dominios $D_1$, $D_2$,..., $D_n$ se compone de dos partes: una cabecera y un cuerpo:

- La cabecera es un conjunto de n pares atributo-dominio subyacente $\{(A_i : D_i)\}_{i=1..n}$ donde *n* es el grado y cada atributo $A_i$ corresponde a uno y solo uno de los dominios $D_i$.

- El cuerpo es un conjunto de m tuplas $\{t_1, t_2, ..., t_m\}$ donde cada tupla es un conjunto de n pares atributo-valor $\{(A_1:V_{i1}), (A_2:V_{i2}),..., (A_n:V_{in})\}$ (i=1...m). El número de tuplas es la cardinalidad. Así como la cabecera de la relación es invariante, su cuerpo varía en el transcurso del tiempo, al igual que la cardinalidad.

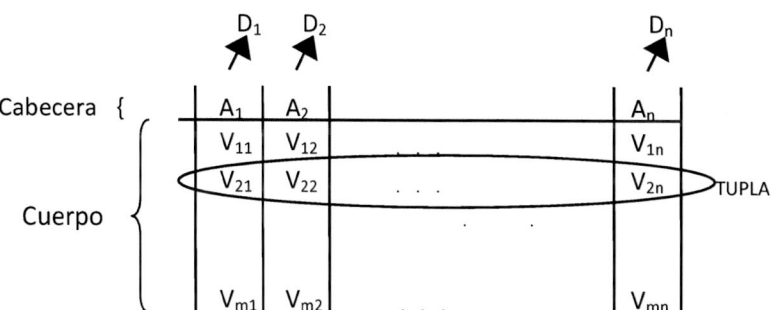

**Figura 2.1.** Definición matemática de relación.

El esquema de la relación estará constituido por el nombre *R* y la cabecera, denotándose:

$$R\{(A_i : D_i)\}_{i=1..n}$$

El estado de la relación r(R), al que denominaremos relación o extensión, está constituido por el esquema y el cuerpo de la relación:

<esquema, cuerpo>

siendo el cuerpo el conjunto de tuplas que, en un instante dado, satisface el correspondiente esquema de relación.

Así, por ejemplo, la cabecera de la relación *Artículo* representada en la Figura 2.2 contiene tres atributos definidos sobre sus respectivos dominios:

- $A_1$ (*CodArt*), definido sobre el dominio $D_1$, que es una cadena de 5 caracteres.

- $A_2$ (*DesArt*), definido sobre el dominio $D_2$, que es una cadena de hasta 30 caracteres.

- $A_3$ (*PVPArt*), definido sobre el dominio $D_3$, que es un número de hasta seis cifras, de las cuales las dos últimas son decimales.

| ARTÍCULO | | |
|---|---|---|
| CodArt | DesArt | PVPArt |
| A0043 | Bolígrafo azul fino | 0,78 |
| A0078 | Bolígrafo rojo normal | 1,05 |
| A0075 | Lápiz 2B | 0,55 |
| A0012 | Goma de borrar | 0,15 |
| A0089 | Sacapuntas | 0,25 |

**Figura 2.2.** Tabla Artículo.

El cuerpo de esta relación *Artículo*, por su parte, consta de cinco tuplas $\{t_1, t_2, t_3, t_4, t_5\}$. Cada una de estas tuplas contiene tres pares atributo-valor. Así, la primera tupla $t_1$ contiene los siguientes pares: $\{(A_1:V_{11}), (A_2:V_{12}), (A_3:V_{13})\}$, que hacen referencia a los datos siguientes: $\{(CodArt:'A0043'), (DesArt: 'Bolígrafo azul fino'), (PVPArt:0,78)\}$.

Podemos decir que una relación tiene las siguientes propiedades:

- Toda relación tiene un nombre único dentro de la base de datos relacional a la que pertenece.

- Los valores de los atributos de una relación son atómicos, lo que quiere decir que en la intersección de una fila y una columna hay un solo valor.

- Todos los atributos de una tabla tienen nombres distintos. Sin embargo, puede haber atributos de distintas tablas de una misma base de datos con el mismo nombre.

- Los atributos de una relación no están ordenados.

- En una tabla no hay dos tuplas iguales.

- Las tuplas de una relación no están ordenadas.

Una relación se suele representar indicando su nombre y a continuación los atributos de que consta entre paréntesis y separados por comas. La relación Artículo representada de esta forma quedaría como sigue:

Artículo (CodArt, DesArt, PVPArt)

## 2.2. Concepto de claves en el modelo relacional

Una clave candidata de una relación es un conjunto de atributos que identifica unívoca y mínimamente cada tupla de la relación. El que identifican unívocamente a cada tupla quiere decir que no va a poder haber en una relación varias tuplas con el mismo valor para esa clave candidata. La condición de minimalidad hace referencia a que el conjunto de atributos es el más pequeño posible, es decir, si un atributo ya permite identificar a cada tupla, no tiene sentido que la clave candidata esté formada por ese atributo y algún otro. En la relación *Artículo* de la Figura 2.2 el atributo *CodArt* es clave candidata, ya que no puede haber dos artículos con el mismo valor para este atributo. Si además supiésemos que no va a haber dos artículos con la misma descripción, entonces el atributo *DesArt* también sería clave candidata.

Una relación puede tener más de una clave candidata, entre las cuales se debe distinguir entre clave primaria y claves alternativas:

- Clave primaria: es aquella clave candidata elegida para identificar las tuplas de la relación. Cuando solo existe una clave candidata, esta será la clave primaria. Por ejemplo, en la relación *Artículo* del ejemplo, podemos elegir *CodArt* como clave primaria. La clave primaria de una tabla se indica subrayándola o escribiendo antes del nombre del / de los atributo/s que es/son clave primaria el símbolo #. Así, la relación *Artículo* se podría representar de cualquiera de las dos siguientes formas:

Artículo (CodArt, DesArt, PVPArt)

Artículo (#CodArt, DesArt, PVPArt)

- Claves alternativas: son aquellas claves candidatas que no han sido escogidas como clave primaria. En el ejemplo de la relación *Artículo*, el atributo *DesArt* sería una clave alternativa si no pudiese haber varios artículos con la misma descripción.

Otro tipo de claves existentes en el modelo relacional son las claves ajenas o foráneas. Una clave ajena es un conjunto de atributos de una relación cuyos valores deben coincidir con los valores de la clave candidata (normalmente clave primaria) de otra relación. Debe tenerse en cuenta que la clave ajena y la correspondiente clave candidata deben estar definidas sobre el mismo dominio.

Supongamos que además de la relación *Artículo*, tuviésemos otra relación llamada *Pedido* con información acerca de los pedidos que han realizado diferentes clientes a una empresa. Por cada pedido se va a almacenar un código o referencia (atributo *RefPed*) y la fecha en la que se ha realizado el pedido (*FecPed*). Esta tabla la representaríamos así, teniendo en cuenta que la clave primaria será el atributo *RefPed*.

Pedido (<u>RefPed</u>, FecPed)

Un ejemplo de datos almacenados serían los siguientes:

| PEDIDO | |
|---|---|
| RefPed | FecPed |
| P0001 | 16/02/2025 |
| P0002 | 18/02/2025 |
| P0003 | 23/02/2025 |
| P0004 | 25/02/2025 |

**Figura 2.3.** Tabla Pedido.

Para el mismo ejemplo, disponemos de una tercera relación, llamada *LíneaPedido*, que contiene las líneas de pedido de los pedidos realizados por los clientes. Una línea de pedido es la parte de un pedido correspondiente a cada artículo diferente solicitado en el mismo. Cada línea de pedido vendrá, por tanto, identificada por el pedido (atributo *RefPed*) y el artículo solicitado (atributo *CodArt*). Además, en esta relación se almacenará también un tercer atributo, llamado *CantArt*, que indica la cantidad o número de unidades que del artículo en cuestión se solicita en el pedido correspondiente. Esta relación, que tendrá como clave primaria la pareja de atributos *RefPed* y *CodArt*, la podemos representar de la siguiente forma y podemos considerar que puede almacenar los datos indicados a continuación:

LíneaPedido (<u>RefPed, CodArt</u>, CantArt)

| LINEAPEDIDO | | |
|---|---|---|
| RefPed | CodArt | CantArt |
| P0001 | A0043 | 10 |
| P0001 | A0078 | 12 |
| P0002 | A0043 | 5 |
| P0003 | A0075 | 20 |
| P0004 | A0012 | 15 |
| P0004 | A0043 | 5 |
| P0004 | A0089 | 50 |

**Figura 2.4.** Tabla LíneaPedido.

Pues bien, en la tabla *LíneaPedido* el atributo *RefPed* es una clave ajena al atributo *RefPed* de la tabla *Pedido*. Por este motivo, el valor que tome el atributo *RefPed* en la tabla *LíneaPedido* deberá coincidir con uno de los cuatro valores que toma el atributo *RefPed* en la tabla *Pedido* (P0001, P0002, P0003 o P0004).

Asimismo, el atributo *CodArt* de la tabla *LíneaPedido* es una clave ajena al atributo *CodArt* de la tabla *Artículo*. Por este motivo, el valor que tome este atributo en la tabla *LíneaPedido* deberá coincidir con uno de los cinco valores que toma el atributo *CodArt* en la tabla *Artículo* (A0043, A0078, A0075, A0012 o A0089).

Las claves ajenas se representan trazando flechas desde cada clave ajena hasta la correspondiente clave primaria. Por ello, la base de datos relacional formada por las tres tablas referidas hasta el momento, se representaría de la siguiente forma:

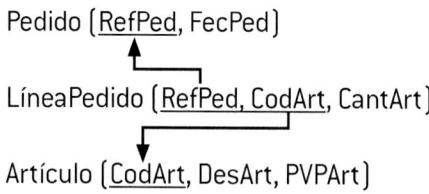

**Figura 2.5.** Esquema relacional.

## 2.3. Las restricciones en el modelo relacional

En el modelo relacional, como en los demás modelos de datos, podemos distinguir entre restricciones inherentes y restricciones semánticas o de usuario.

### 2.3.1. Restricciones inherentes

Las restricciones inherentes al modelo relacional son las características que diferencian a una relación de una tabla. Se trata de las siguientes:

- No hay dos tuplas iguales, de lo que se deduce la obligatoriedad de la clave primaria.

- El orden de las tuplas no es significativo.

- El orden de los atributos no es significativo.

- Cada atributo solo puede tomar un único valor del dominio sobre el que está definido, por lo que no se admiten los grupos repetitivos o los atributos multivaluados.

Además de las anteriores restricciones inherentes, existe otra restricción inherente que es la regla de integridad de la entidad, la cual establece que: «Ningún atributo que forme parte de la clave primaria de una relación puede tomar un valor nulo», esto es, un valor desconocido o inexistente.

## 2.3.2. Restricciones semánticas o de usuario

Las principales restricciones semánticas del modelo relacional son las siguientes:

- Clave primaria (PRIMARY KEY): permite declarar un atributo o un conjunto de atributos como clave primaria de una relación, por lo que sus valores no se podrán repetir ni se admitirán los valores nulos (o inexistentes).

- Unicidad (UNIQUE), mediante la cual se indica que los valores de un atributo o conjunto de atributos no pueden repetirse en una relación. Esta restricción permite la definición de claves alternativas. Por ejemplo, en la relación *Artículo*, si no puede haber dos artículos con la misma descripción (atributo *DesArt*), este atributo será una clave alternativa y, por tanto, deberá tener asignada la restricción de unicidad.

- Obligatoriedad de uno o más atributos (NOT NULL), con lo que se indica que un atributo o conjunto de atributos no admite valores nulos. A los atributos que constituyen la clave primaria de una relación no es necesario asignarles esta restricción en la mayoría de los sistemas gestores de bases de datos actuales porque tienen implementada la restricción de integridad de la entidad enunciada en el Apartado 2.3.1.

- Integridad referencial (FOREIGN KEY): si una relación tiene una clave ajena que apunta a una clave candidata de otra relación, dicha clave ajena solo podrá tomar valor nulo, o bien alguno de los valores que toma la clave candidata de la relación apuntada. A este hecho ya nos hemos referido al ver en el Apartado 2.2 el concepto de clave ajena o externa.

En relación con la restricción de integridad referencial el atributo *RefPed* de la relación *LineaPedido* es clave ajena que referencia al atributo homónimo de la relación *Pedido*, de modo que sus valores deben o bien ser nulos o bien concordar con los que toma el atributo *RefPed* de la relación *Pedido*. Para este caso en concreto, no es posible que el atributo *RefPed* en *LineaPedido* tome valor nulo al formar este atributo parte de la clave primaria de la relación. Ocurre exactamente lo mismo con la otra clave ajena de la relación *LineaPedido* (su atributo *CodArt*).

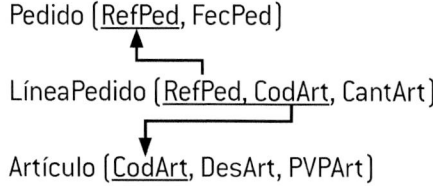

Pedido (<u>RefPed</u>, FecPed)

LíneaPedido (<u>RefPed, CodArt</u>, CantArt)

Artículo (<u>CodArt</u>, DesArt, PVPArt)

**Figura 2.6.** Esquema relacional.

| PEDIDO | |
|---|---|
| RefPed | FecPed |
| P0001 | 16/02/2025 |
| P0002 | 18/02/2025 |
| P0003 | 23/02/2025 |
| P0004 | 25/02/2025 |

| LINEAPEDIDO | | |
|---|---|---|
| RefPed | CodArt | CantArt |
| P0001 | A0043 | 10 |
| P0001 | A0078 | 12 |
| P0002 | A0043 | 5 |
| P0003 | A0075 | 20 |
| P0004 | A0012 | 15 |
| P0004 | A0043 | 5 |
| P0004 | A0089 | 50 |

| ARTÍCULO | | |
|---|---|---|
| CodArt | DesArt | PVPArt |
| A0043 | Bolígrafo azul fino | 0,78 |
| A0078 | Bolígrafo rojo normal | 1,05 |
| A0075 | Lápiz 2B | 0,55 |
| A0012 | Goma de borrar | 0,15 |
| A0089 | Sacapuntas | 0,25 |

**Figura 2.7.** Esquema relacional con datos y claves ajenas.

Además de definir las claves ajenas, hay que determinar las consecuencias que tienen el borrado y modificación de tuplas de la relación referenciada, pudiéndose distinguir las siguientes opciones:

- Operación restringida (RESTRICT): no se va a permitir el borrado o modificación de tuplas de la relación referenciada si hay alguna tupla en la otra relación que contiene el mismo valor en la clave ajena. Aplicado a la primera clave ajena de nuestro ejemplo, implicaría que para borrar un pedido de la relación *Pedido* no puede haber ninguna fila en la relación *LineaPedido* para ese mismo pedido. Además, no se podría modificar el atributo *RefPed* para un pedido de la tabla *Pedido* para el que hubiese alguna línea de pedido.

- Operación con transmisión en cascada (ON DELETE CASCADE, ON UPDATE CASCADE): el borrado o modificación de tuplas de la relación que contiene la clave referenciada implica el borrado o modificación en cascada de las tuplas correspondientes en la tabla que contiene la clave ajena. Esto implicaría que al borrar un pedido se eliminasen automáticamente todas sus líneas de pedido de la tabla *LineaPedido*. Asimismo, al modificar el atributo *RefPed* de un pedido de la tabla *Pedido*, se modificaría el atributo *RefPed* en la tabla *LineaPedido* para todos las líneas de pedido correspondientes a ese pedido.

- Operación con puesta a nulos (SET NULL): el borrado o modificación de tuplas de la relación que contiene la clave referenciada lleva consigo poner a valor nulo el atributo que constituye la clave ajena. Esto nos llevaría a que si se borra un pedido de la tabla *Pedido*, se asigne el valor nulo al atributo *RefPed* para todas las líneas de pedido correspondientes a ese pedido. Esta opción, en este caso, no está permitida porque el atributo *RefPed* en la relación *LineaPedido* no puede tomar valor nulo al formar este atributo parte de la clave primaria. Además, si se modifica el atributo *RefPed* para algún pedido en la tabla *Pedido*, se debería asignar valor nulo al atributo *RefPed* en todas las tuplas de la tabla *LineaPedido* correspondientes a líneas de pedido de ese pedido. Ocurre, como en el caso anterior, que esta opción tampoco es válida por el motivo ya indicado.

- Operación con puesta a valor por defecto (SET DEFAULT): se actúa de igual modo que en la anterior opción con la salvedad de que en vez de asignar al atributo que constituye la clave ajena el valor nulo, se le asigna un valor establecido por defecto de antemano para dicho atributo.

- Operación que desencadena un procedimiento de usuario: en este caso, el borrado o modificación de tuplas de la tabla referenciada provoca la ejecución de un procedimiento definido por el usuario.

Para cada clave ajena sería necesario indicar la opción seleccionada. En el ejemplo propuesto habría que indicarlo para las dos claves ajenas existentes. Además, la opción seleccionada en caso de borrado es independiente de la seleccionada en caso de modificación.

Además de estas restricciones, existen en el modelo relacional otras restricciones que podríamos llamar de verificación o de rechazo y aserciones. En ambos casos, el usuario especifica un predicado sobre un atributo o conjunto de atributos de manera que cada vez que se lleve a cabo una operación de actualización sobre la base de datos, se comprueba si se cumple el predicado especificado y en caso de que este no se cumpla, la operación no es permitida. La diferencia entre las restricciones de verificación o de rechazo y las aserciones es que, en el primer caso, el predicado afecta a una sola relación y en el segundo caso (aserciones), a varias relaciones.

## 2.4. Nociones de álgebra relacional

El álgebra relacional es un lenguaje formal de consultas sobre bases de datos relacionales que constituye la base del lenguaje de consulta SQL ampliamente utilizado. El álgebra relacional es un lenguaje de consulta procedimental que consta de un conjunto de operadores que toman una o más relaciones como operandos y producen otra relación como resultado. Se compone de dos grupos de operadores: operadores tradicionales de la teoría de conjuntos y operadores relacionales específicos.

### 2.4.1. Operadores tradicionales de la teoría de conjuntos

Para todos con excepción del producto cartesiano las dos relaciones operandos deben ser compatibles con respecto a la unión, es decir, deben ser del mismo grado (deben tener el mismo número de atributos) y los atributos que ocupan las mismas posiciones deben tener el mismo dominio subyacente.

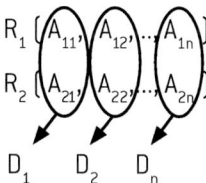

**Figura 2.8.** Relaciones compatibles con respecto a la unión.

En los ejemplos que se van a realizar para las operaciones unión, intersección y diferencia, se van a emplear las siguientes relaciones:

**Empleados 1**

| NumEmp | NomEmp | Puesto |
|--------|--------|--------|
| 1234 | José Pérez Ruiz | Presidente |
| 4543 | Luisa Gil Gómez | Vendedor |
| 2323 | María Sol Luna | Director |

**Empleados 2**

| NumEmp | NomEmp | Puesto |
|--------|--------|--------|
| 2344 | Mar García Gil | Analista |
| 3423 | Mario Ros Bueno | Vendedor |
| 4543 | Luisa Gil Gómez | Vendedor |

**Figura 2.9.** Relaciones ejemplo para álgebra relacional.

En los ejemplos que se van a realizar para las operaciones de selección, proyección, producto cartesiano y combinación, se van a emplear las siguientes relaciones:

**Empleados**

| NumEmp | NomEmp | Puesto | NumDep |
|--------|--------|--------|--------|
| 1234 | José Pérez Ruiz | Presidente | 1 |
| 4543 | Luisa Gil Gómez | Vendedor | 3 |
| 2323 | María Sol Luna | Director | 1 |

**Departamentos**

| NumDep | NomDep | Ciudad |
|--------|--------|--------|
| 1 | Contabilidad | Bilbao |
| 3 | Investigación | Santander |
| 1 | Ventas | Madrid |

**Figura 2.10.** Relaciones de ejemplo para selección, proyección, producto cartesiano y combinación.

Los operadores tradicionales de la teoría de conjuntos son los siguientes:

- Unión: la unión de las relaciones A y B (A ∪ B) es una relación que incluye todas las tuplas de A y todas las tuplas de B. Si hubiera alguna repetida, se eliminaría.

  Así, la unión de las relaciones *Empleados1* y *Empleados2* daría el siguiente resultado, donde se ha eliminado una de las tuplas correspondientes a la empleada número 4543, por estar repetida:

**Empleados1 ∪ Empleados2**

| NumEmp | NomEmp | Puesto |
|--------|--------|--------|
| 1234 | José Pérez Ruiz | Presidente |
| 4543 | Luisa Gil Gómez | Vendedor |
| 2323 | María Sol Luna | Director |
| 2344 | Mar García Gil | Analista |
| 3423 | Mario Ros Bueno | Vendedor |

**Figura 2.11.** Unión de dos relaciones.

- Intersección: la intersección de dos relaciones A y B (A ∩ B) es una relación que incluye todas las tuplas que pertenecen a la vez a A y a B.

  Así, la intersección entre las relaciones *Empleados1* y *Empleados2* produce la siguiente relación, que incluye solo la tupla correspondiente a la empleada 4543, que es el único empleado que aparece a la vez en las dos relaciones:

**Empleados1 ∩ Empleados2**

| NumEmp | NomEmp | Puesto |
|--------|--------|--------|
| 4543 | Luisa Gil Gómez | Vendedor |

**Figura 2.12.** Intersección de dos relaciones.

- Diferencia: la diferencia de las relaciones A y B (A - B) es una relación que incluye todas las tuplas que pertenecen a A pero no pertenecen a B.

Así, la diferencia entre las relaciones *Empleados1* y *Empleados2* proporciona el siguiente resultado:

**Empleados1 - Empleados2**

| NumEmp | NomEmp | Puesto |
|--------|--------|--------|
| 1234 | José Pérez Ruiz | Presidente |
| 2323 | María Sol Luna | Director |

**Figura 2.13.** Diferencia entre dos relaciones.

- Producto cartesiano: el producto cartesiano de dos relaciones A y B (A × B) es una relación que incluye todas las tuplas posibles que se obtienen concatenando una de A con una de B. Si A es de grado $m$ y B es de grado $n$, la relación A × B será de grado $m + n$. Si la cardinalidad de A es $p$ y la de B es $q$, la cardinalidad de A × B será $p × q$.

Así, el producto cartesiano entre las relaciones *Empleados* y *Departamentos* proporciona la siguiente relación:

**Empleados × Departamentos**

| NumEmp | NomEmp | Puesto | NumDep | NumDep | NomDep | Ciudad |
|--------|--------|--------|--------|--------|--------|--------|
| 1234 | José Pérez Ruiz | Presidente | 1 | 1 | Contabilidad | Bilbao |
| 1234 | José Pérez Ruiz | Presidente | 1 | 2 | Investigación | Santander |
| 1234 | José Pérez Ruiz | Presidente | 1 | 3 | Ventas | Madrid |
| 4543 | Luisa Gil Gómez | Vendedor | 3 | 1 | Contabilidad | Bilbao |
| 4543 | Luisa Gil Gómez | Vendedor | 3 | 2 | Investigación | Santander |
| 4543 | Luisa Gil Gómez | Vendedor | 3 | 3 | Ventas | Madrid |
| 2323 | María Sol Luna | Director | 1 | 1 | Contabilidad | Bilbao |
| 2323 | María Sol Luna | Director | 1 | 2 | Investigación | Santander |
| 2323 | María Sol Luna | Director | 1 | 3 | Ventas | Madrid |

**Figura 2.14.** Producto cartesiano de dos relaciones.

## 2.4.2. Operadores relacionales específicos

Los operadores relacionales específicos del álgebra relacional son los siguientes:

- Selección o restricción: el operador algebraico de selección ($\sigma$) produce un subconjunto horizontal de una relación dada. Este subconjunto está formado por todas las tuplas de la relación dada para las cuales se cumple un predicado o condición especificada. Por ejemplo, la expresión del álgebra relacional que habrá que usar para seleccionar los empleados del departamento número 1 será la siguiente:

$$\sigma_{NumDep=1}(Empleados)$$

El resultado de esta selección será el siguiente:

| NumEmp | NomEmp | Puesto | NumDep |
|--------|--------|--------|--------|
| 1234 | Jose Pérez Ruiz | Presidente | 1 |
| 2323 | María Sol Luna | Director | 1 |

**Figura 2.15.** Selección sobre una relación.

- Proyección: el operador de proyección ($\pi$) produce un subconjunto vertical de una relación dada. Este subconjunto es el obtenido al seleccionar los atributos especificados en el orden indicado de izquierda a derecha, y eliminando luego las tuplas duplicadas. Así, la expresión del álgebra relacional para obtener los puestos de los empleados de la relación *Empleados*, será la siguiente:

$$\pi_{Puesto}(Empleados)$$

El resultado de esta proyección es el siguiente:

| Puesto |
|--------|
| Presidente |
| Vendedor |
| Director |

**Figura 2.16.** Proyección sobre una relación.

También se pueden combinar ambos operadores. Así, por ejemplo: la expresión del álgebra relacional para obtener los nombres y puestos de los empleados que trabajan en el departamento número 1, será la siguiente

$$\pi_{NomEmp,\ Puesto}(\sigma_{NumDep=1}(Empleados))$$

El resultado de esta selección y proyección es el siguiente:

| NomEmp | Puesto |
|---|---|
| Jose Pérez Ruiz | Presidente |
| María Sol Luna | Director |

**Figura 2.17.** Selección y proyección sobre una relación.

- División: el operador división divide una relación *A* de grado m entre una relación *B* de grado n y produce una relación resultado de grado m-n. En general *A* suele ser de grado 2 y *B* de grado 1. La relación *A/B* resultado es el conjunto de las tuplas <x> tales que al concatenarlas con las tuplas de *B* <y> producen tuplas contenidas en *A* <x,y>.

$$A/B \times B \subseteq A$$

Al hacer el producto cartesiano de *A/B* y *B*, las tuplas resultantes deben pertenecer a *A*.

En el siguiente ejemplo se realiza la división entre la relación *Empleados* de grado 4 y una nueva relación llamada *Depar* de grado 1, que se muestra en la Figura 2.18. La relación *Empleados/Depar* será de grado 3 e incluirá todos los atributos de *Empleados* excepto los de *Depar* y las filas de empleados que trabajan en el departamento número 1 (el que aparece en la tabla *Depar*).

**Empleados**

| NumEmp | NomEmp | Puesto | NumDep |
|---|---|---|---|
| 1234 | Jose Pérez Ruiz | Presidente | 1 |
| 4543 | Luisa Gil Gómez | Vendedor | 3 |
| 2323 | María Sol Luna | Director | 1 |

**Depar**

| NumDep |
|---|
| 1 |

**Figura 2.18.** Relaciones para división.

**Empleados/Depar**

| NomEmp | NomEmp | Puesto |
|---|---|---|
| 1234 | Jose Pérez Ruiz | Presidente |
| 2323 | María Sol Luna | Director |

**Figura 2.19.** División de dos relaciones.

- Combinación, reunión o join: el resultado de la combinación de dos relaciones A y B es una relación que incluye todas las tuplas que se obtienen concatenando una de A y otra de B tales que cumplan una determinada condición para los valores de un atributo de dominio común a ambas. Para ello, en primer lugar se realiza el producto cartesiano de las dos relaciones, y a continuación una selección de las tuplas que cumplan la condición especificada. El operador es *.

Consideremos las relaciones *Empleados* y *Departamentos*.

Vamos a combinar estas tablas tal que el atributo *NumDep* de la tabla *Empleados* tome el mismo valor que el atributo homónimo de la tabla *Departamentos*. Esto se expresará de la siguiente forma:

$$(\text{Empleados * Departamentos})_{\text{Empleados.NumDep = Departamentos.NumDep}}$$

Para llevar a cabo esta operación es necesario, en primer lugar, realizar el producto cartesiano, cuyo resultado es el siguiente:

**Empleados × Departamentos**

| NumEmp | NomEmp | Puesto | NumDep | NumDep | NomDep | Ciudad |
|--------|--------|--------|--------|--------|--------|--------|
| 1234 | Jose Pérez Ruiz | Presidente | 1 | 1 | Contabilidad | Bilbao |
| 1234 | Jose Pérez Ruiz | Presidente | 1 | 2 | Investigación | Santander |
| 1234 | Jose Pérez Ruiz | Presidente | 1 | 3 | Ventas | Madrid |
| 4543 | Luisa Gil Gómez | Vendedor | 3 | 1 | Contabilidad | Bilbao |
| 4543 | Luisa Gil Gómez | Vendedor | 3 | 2 | Investigación | Santander |
| 4543 | Luisa Gil Gómez | Vendedor | 3 | 3 | Ventas | Madrid |
| 2323 | María Sol Luna | Director | 1 | 1 | Contabilidad | Bilbao |
| 2323 | María Sol Luna | Director | 1 | 2 | Investigación | Santander |
| 2323 | María Sol Luna | Director | 1 | 3 | Ventas | Madrid |

**Figura 2. 20.** Producto cartesiano.

A continuación es preciso quedarse solo con aquellas tuplas para las que se cumpla el predicado especificado, es decir, en este caso, que el atributo *NumDep* de la tabla *Empleados* tome el mismo valor que el atributo *NumDep* de *Departamentos*. El resultado es el siguiente:

$$(\text{Empleados} * \text{Departamentos})_{\text{Empleados.NumDep = Departamentos.NumDep}}$$

| NumEmp | NomEmp | Puesto | NumDep | NumDep | NomDep | Ciudad |
|--------|--------|--------|--------|--------|--------|--------|
| 1234 | Jose Pérez Ruiz | Presidente | 1 | 1 | Contabilidad | Bilbao |
| 4543 | Luisa Gil Gómez | Vendedor | 3 | 3 | Ventas | Madrid |
| 2323 | María Sol Luna | Director | 1 | 1 | Contabilidad | Bilbao |

**Figura 2.21.** Combinación o reunión.

Cuando la condición, como en este caso, es una comparación de igualdad, se trata de una equijoin, equirreunión o combinación por igualdad.

La combinación más habitual entre tablas es la llamada join o reunión natural, que es el resultado de una equijoin con la eliminación de los atributos duplicados. La equijoin se establece igualando los atributos a través de los cuales se establece la relación entre las dos tablas. El operador es ⋈.

Por tanto, la reunión natural entre dos relaciones *A* y *B* se lleva a cabo así:

a) Se concatenan las tuplas *A* y *B* (se calcula *A x B*).

b) Se seleccionan de entre esas tuplas las que tengan iguales valores en las columnas de igual dominio consideradas (clave ajena y correspondiente clave primaria).

c) Se suprime una columna de cada dos homónimas en el resultado, es decir, se eliminan las columnas duplicadas.

La reunión natural entre las tablas *Empleados* y *Departamentos* tendría como dos primeros pasos los mostrados en las Figuras 2.20 y 2.21. La realización de la reunión natural entre estas dos tablas implicaría en el resultado de la combinación (Figura 2.21) eliminar una de las dos columnas *NumDep*. El resultado sería el siguiente:

**Empleados ⋈ Departamentos**

| NumEmp | NomEmp | Puesto | NumDep | NomDep | Ciudad |
|--------|--------|--------|--------|--------|--------|
| 1234 | Jose Pérez Ruiz | Presidente | 1 | Contabilidad | Bilbao |
| 4543 | Luisa Gil Gómez | Vendedor | 3 | Ventas | Madrid |
| 2323 | María Sol Luna | Director | 1 | Contabilidad | Bilbao |

**Figura 2.22.** Combinación natural.

## 2.5. Nociones de **cálculo relacional de tuplas** para poder resolver ejercicios prácticos básicos

En el álgebra relacional se indican los procedimientos que es necesario llevar a cabo para generar el resultado de una consulta. El cálculo relacional de tuplas, por el contrario, se trata de un lenguaje no procedimental, lo que quiere decir que se indica la información que se desea obtener sin indicar el procedimiento necesario para obtener dicha información.

En el cálculo relacional de tuplas las consultas se expresan de la siguiente manera:

$$\{t \mid P(t)\}$$

lo que significa el conjunto de tuplas $t$ tal que el precidado $P$ es cierto para $t$. Se indica $t.A$ o $t[A]$ el valor del atributo $A$ para la tupla $t$ y $t \in r$ para denotar que la tupla $t$ está en la relación $r$.

Vamos a continuación a exponer las expresiones del cálculo relacional de tuplas para algunas de las consultas vistas en el álgebra relacional.

En estas primeras consultas trabajaremos con las relaciones *Empleados1* y *Empleados2* presentes en la Figura 2.9 del Apartado 2.4.1.

Para obtener los datos de los empleados de *Empleados1* y también los de *Empleados2*, emplearíamos el operador $\lor$ (o). La expresión se puede leer como el conjunto de tuplas que están en *Empleados1* o en *Empleados2*.

$$\{t \mid (t \in Empleados1) \lor (t \in Empleados2)\}$$

Para obtener los datos de los empleados comunes a las relaciones *Empleados1* y *Empleados2*, emplearíamos la siguiente expresión, en la que se ha utilizado el operador $\land$ (y):

$$\{t \mid (t \in Empleados1) \land (t \in Empleados2)\}$$

Para obtener los datos de los empleados de *Empleados1* que no aparecen en *Empleados2*, emplearíamos la siguiente expresión, en la que aparece el operador $\neg$ (no). La expresión se puede leer como el conjunto de tuplas que pertenecen a *Empleados1* y no pertenecen a *Empleados2*.

$$\{t \mid (t \in Empleados1) \land \neg (t \in Empleados2)\}$$

Las siguientes expresiones del cálculo relacional de tuplas se van a aplicar a las relaciones *Empleados* y *Departamentos* presentes en la Figura 2.10 del Apartado 2.4.1.

Para obtener los datos de los empleados del departamento número 1, utilizaremos la siguiente expresión.

$$\{t \mid (t \in Empleados) \land (t.NumDep = 1)\}$$

Si queremos realizar una proyección de una relación sobre uno o varios atributos, nos vemos obligados a emplear el constructor «existe» de la lógica matemática ($\exists$). Así, para obtener todos los puestos desempeñados por empleados de la relación *Empleados*, tendremos que escribir:

$$\{t \mid \exists \, s \in Empleados \, (t.Puesto = s.Puesto)\}$$

Esta expresión se lee como el conjunto de todas las tuplas *t* tales que existe una tupla *s* en la relación *Empleados* para la que los valores de *t* y *s* para el atributo *Puesto* son iguales.

Para obtener el nombre y puesto de los empleados que trabajan en el departamento número 1 emplearemos la siguiente expresión:

$$\{t \mid \exists \, s \in Empleados \, ((t.NomEmp = s.NomEmp) \wedge (t.Puesto = s.Puesto) \wedge$$
$$(t.NumDep = 1))\}$$

Para realizar la combinación natural entre los empleados y los departamentos, la expresión del cálculo relacional sería algo más compleja:

$$\{t \mid \exists \, s \in Empleados \, ((t.NumEmp = s.NumEmp) \wedge (t.NomEmp = s.NomEmp) \wedge$$
$$(t.Puesto = s.Puesto) \wedge (t.NumDep = s.NumDep) \wedge \exists \, u \in Departamentos \, ((s.$$
$$NumDep = u.NumDep) \wedge (t.NomDep = u.NomDep) \wedge \vee (t.Ciudad = u.Ciudad)))\}$$

Como se puede observar, se utilizan dos constructos existe para hacer referencia a tuplas de las dos tablas relacionadas y se escriben varias condiciones unidas por el operador *y*. Las primeras condiciones se utilizan para que las tuplas *t* del resultado contengan todos los atributos de la tabla *Empleado* (*NumEmp*, *NomEmp*, *Puesto* y *NumDep*). La siguiente condición, ya dentro del segundo constructo existe, es la que vincula las dos relaciones a través de la clave ajena y correspondiente clave primaria (*NumDep*). Las últimas dos condiciones se utilizan para que las tuplas *t* del resultado contengan los atributos de la tabla *Departamentos NomDep* y *Ciudad*.

Una vez visto cómo se expresan algunas consultas en el cálculo relacional de tuplas, ya estamos en condiciones de dar una definición formal de este lenguaje. Así, las expresiones del cálculo relacional de tuplas tienen la forma:

$$\{t \mid P(t)\}$$

donde *P* es una fórmula. En una fórmula pueden aparecer varias variables tupla. Una variable tupla es una variable libre a no ser que esté cuantificada mediante $\exists$ o $\forall$. Así, en la siguiente expresión:

$$\{t \mid (t \in Empleados1) \vee (t \in Empleados2)\}$$

*t* es una variable libre. Sin embargo, en la siguiente expresión, la variable *s* es una variable ligada porque va acompañada del símbolo ∃.

$$\{t \mid \exists\, s \in \text{Empleados}\ (t.\text{Puesto} = s.\text{Puesto})\}$$

Las fórmulas del cálculo relacional de tuplas se construyen con átomos. Cada átomo puede tener una de las siguientes formas:

- *t* ∈ r, donde *t* es una variable tupla y *r* es una relación. No está permitido el uso del operador ∉.

- t.A op s.B, donde *t* y *s* son variables tupla, *A* es un atributo de la relación en la que está definida *t*, *B* es un atributo de la relación en la que está definida *s*, *op* es un operador de comparación $(<, \leq, >, \geq, =, \neq)$ y los atributos *A* y *B* tienen dominios cuyos miembros son comparables mediante *op*.

- t.A op c, donde *t* es una variable tupla, *A* es un atributo de la relación en la que está definida *t*, *op* es un operador de comparación y *c* es una constante en el dominio de *A*.

Las fórmulas se construyen a partir de los átomos de acuerdo con las siguientes reglas:

- Un átomo es una fórmula.

- Si *P* es una fórmula, también los son ¬ P y (P).

- Si $P_1$ y $P_2$ son fórmulas, también lo son $P_1 \wedge P_2, P_1 \vee P_2$ y $P_1 \Rightarrow P_2$.

- Si *P(s)* es una fórmula que contiene una variable tupla libre *s* y *r* es una relación,

$$\exists\, s \in r\ (P(s)) \ y\ \forall\, s \in r\ (P(s))$$

también son fórmulas.

Se pueden escribir expresiones equivalentes con distinta apariencia. En el cálculo relacional de tuplas existen al respecto las tres reglas siguientes:

- $P_1 \wedge P_2$ es equivalente a $\neg\ (\neg\ (P_1) \vee \neg\ (P_2))$.

- $\forall\, t \in r\ (P(t))$ es equivalente a $\neg\ \exists\, t \in r\ (\neg\ P(t))$.

- $P_1 \Rightarrow P_2$ es equivalente a $\neg\ (P_1) \vee P_2$.

## 2.6. Nociones de **cálculo relacional de dominios**

Existe otra forma de cálculo relacional llamada cálculo relacional de dominios. Este lenguaje utiliza variables de dominio, que toman sus valores del dominio de un atributo en lugar de tomarlos de una tupla completa.

Las expresiones del cálculo relacional de dominios tienen la siguiente forma:

$$\{<x_1, x_2, ..., x_n> \mid P(x_1, x_2, ..., x_n)\}$$

En esta expresión $x_1, x_2, ..., x_n$ son variables de dominio y $P$ es una fórmula compuesta de átomos, como en el caso del cálculo relacional de tuplas. Los átomos del cálculo relacional de dominios tienen una de las siguientes formas:

- $<x_1, x_2, ..., x_n> \in r$, donde $r$ es una relación con n atributos y $x_1, x_2, ..., x_n$ son variables de dominio o constantes de dominio.

- x op y, donde $x$ e $y$ son variables de dominio y $op$ es un operador de comparación $(<, \leq, >, \geq, =, \neq)$ y los atributos $x$ e $y$ tienen dominios cuyos miembros son comparables mediante $op$.

- x op c, donde $x$ es una variable de dominio, $op$ es un operador de comparación y $c$ es una constante del dominio del atributo para el que $x$ es una variable de dominio.

Las fórmulas se construyen a partir de los átomos de acuerdo con las siguientes reglas:

- Un átomo es una fórmula.

- Si $P$ es una fórmula, también los son $\neg\, P$ y $(P)$.

- Si $P_1$ y $P_2$ son fórmulas, también lo son $P_1 \wedge P_2$, $P_1 \vee P_2$ y $P_1 \Rightarrow P_2$.

- Si $P(x)$ es una fórmula que contiene una variable de dominio x, también son fórmulas.

$$\exists\, x\, (P(x)) \text{ y } \forall\, x\, (P(x))$$

Como notación abreviada se escribe

$$\exists\, x, y, z\, (P(x, y, z))$$

en vez de

$$\exists\, x\, (\exists\, y\, (\exists z\, (P(x, y, z))))$$

Vamos a continuación a exponer las expresiones del cálculo relacional de dominios para algunas de las consultas vistas en el cálculo relacional de tuplas.

Para obtener los datos de los empleados de *Empleados1* y los de *Empleados2*, emplearíamos el operador $\vee$ (o), como antes.

$$\{< u, o, p> \mid < u, o, p> \in \text{Empleados1} \vee < u, o, p> \in \text{Empleados2})\}$$

Para obtener los datos de los empleados comunes a las relaciones *Empleados1* y *Empleados2*, emplearíamos la siguiente expresión, en la que se ha utilizado el operador $\wedge$ (y):

$$\{< u, o, p> \mid < u, o, p> \in \text{Empleados1} \wedge < u, o, p> \in \text{Empleados2})\}$$

Para obtener los datos de los empleados de *Empleados1* que no aparecen en *Empleados2*, emplearíamos la siguiente expresión, en la que aparece el operador ¬ (no).

$$\{< u, o, p> \mid < u, o, p> \in \text{Empleados1} \land \neg (< u, o, p> \in \text{Empleados2})\}$$

A continuación se usan las tablas *Empleados* y *Departamentos*. Para obtener los datos de los empleados del departamento número 1, utilizaremos la siguiente expresión.

$$\{< u, o, p, d> \mid (< u, o, p, d> \in \text{Empleados} \land d = 1)\}$$

Para obtener todos los puestos desempeñados por empleados de la relación *Empleados*, tendremos que emplear el operador existe (∃). Tendremos que escribir:

$$\{<p> \mid \in u, o, d\ (<u, o, p, d> \in \text{Empleados})\}$$

Para obtener el nombre y puesto de los empleados que trabajan en el departamento número 1 emplearemos la siguiente expresión:

$$\{<o, p> \mid \exists u, d\ (<u, o, p, d> \in \text{Empleados} \land d = 1)\}$$

Para realizar la combinación natural entre los empleados y los departamentos, la expresión del cálculo relacional sería algo más compleja:

$$\{<ue, oe, p, nd, id, od, c> \mid \exists nd\ (<ue, oe, p, nd > \in \text{Empleados} \land \exists od, c\ (<nd, od, c> \in \text{Departamentos}))\}$$

## 2.7. Teoría de la normalización y sus objetivos

El proceso de diseño de una base de datos consiste en representar una determinada parcela del mundo real (o universo del discurso) mediante los objetos que proporciona el modelo de datos que estamos utilizando, aplicando para ello las reglas de dicho modelo, como prohibición de un determinado tipo de asociaciones o posibilidad de incluir ciertas restricciones. Cuando se diseña una base de datos mediante el modelo relacional, así como ocurre con otros modelos, tenemos distintas alternativas, es decir, podemos obtener diferentes soluciones plasmadas en distintos esquemas relacionales, no todos ellos equivalentes, ya que unos van a representar la realidad mejor que otros.

Veremos la teoría de la normalización, que permite afrontar el problema del diseño de bases de datos relacionales de una manera rigurosa y objetiva, estudiando la forma de llevar a cabo la normalización de un esquema relacional. Se va a ver qué propiedades debe tener un esquema relacional para representar adecuadamente la realidad, y cuáles son los problemas que se pueden derivar de un diseño inadecuado.

Veamos un ejemplo: En la Figura 2.23 se muestra una relación denominada *Pedidos*, que almacena datos sobre los pedidos efectuados por los clientes (*RefPed* y *FecPed*) y los artículos solicitados en cada uno de los pedidos (*CodArt, DesArt, CantArt* y *PVPArt*). Por cada pedido se indica su referencia y fecha y por cada artículo solicitado, su código, descripción, número de unidades solicitadas y precio unitario. La clave primaria de esta relación está formada por la concatenación de los atributos *RefPed* y *CodArt*. Esta relación presenta diversos problemas, entre los cuales se encuentran los siguientes:

- Gran cantidad de redundancia, ya que la fecha del pedido se repite si en ese pedido han sido solicitados varios artículos. De igual forma, si un artículo ha sido solicitado en varios pedidos, aparecen repetidos los atributos *DesArt* y *PVPArt*.

- Anomalías de inserción, ya que no sería posible incluir en la base de datos información sobre algún artículo que no estuviese incluido en ningún pedido, al formar el atributo *RefPed* parte de la clave primaria de la relación. Recordemos que por la regla de integridad de la entidad ningún atributo que forme parte de la clave primaria de una relación puede tomar valor nulo. Por otro lado, la inserción de un pedido que incluyese varios artículos obligaría a incluir varias tuplas en la base de datos.

- Anomalías de modificación, ya que si quisiésemos modificar el precio o la descripción de un artículo solicitado en varios pedidos, lo tendríamos que hacer en varias tuplas de la relación para no generar inconsistencias. Lo mismo ocurriría si quisiésemos modificar la fecha de un pedido en el que se han solicitado varios artículos.

- Anomalías de borrado, ya que si quisiéramos eliminar un pedido de la base de datos y uno de los artículos en él incluido solo es solicitado en dicho pedido, desaparecerían también los datos de ese artículo de la base de datos. Además, la eliminación de un pedido de la base de datos implicaría borrar de esta relación tantas tuplas como artículos sean solicitados en el mismo. De manera análoga, si queremos eliminar un artículo de la base de datos y ocurre que ese artículo es solicitado en varios pedidos, habría que borrar una línea por cada uno de esos pedidos. Además, si un artículo solo está solicitado en un pedido, la eliminación de dicho artículo implicaría también eliminar los datos del pedido de la base de datos.

| RefPed | FecPed | CodArt | DesArt | CantArt | PVPArt |
|--------|--------|--------|--------|---------|--------|
| P0001 | 16/02/2025 | A0043 | Bolígrafo azul fino | 10 | 0,78 |
| P0001 | 16/02/2025 | A0078 | Bolígrafo rojo normal | 12 | 1,05 |
| P0002 | 18/02/2025 | A0043 | Bolígrafo azul fino | 5 | 0,78 |
| P0003 | 23/02/2025 | A0075 | Lápiz 2B | 20 | 0,55 |
| P0004 | 25/02/2025 | A0012 | Goma de borrar | 15 | 0,15 |
| P0004 | 25/02/2025 | A0043 | Bolígrafo azul fino | 5 | 0,78 |
| P0004 | 25/02/2025 | A0089 | Sacapuntas | 50 | 0,25 |

**Figura 2.23.** Relación Pedidos.

Esta relación presenta todos estos problemas debido a que se almacenan hechos distintos (pedidos y artículos) en una misma relación.

Existe un método formal aplicable a todo esquema relacional que nos permite determinar si un esquema relacional se adecua a la realidad y, en caso de que no sea así, nos indica cómo transformarlo para conseguir que el mismo sea un reflejo lo más fiel posible del mundo real.

El método formal al que me refiero en el párrafo anterior es la teoría de la normalización, con la que se consiguen esquemas relacionales exentos de redundancias y que, por tanto, no presentan los problemas indicados anteriormente. Si hubiésemos aplicado el proceso de normalización a la anterior relación, habríamos obtenido el siguiente esquema relacional:

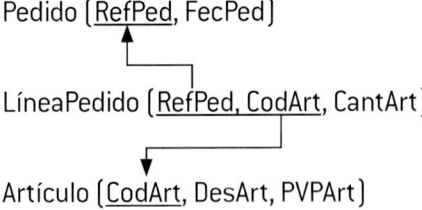

Pedido (RefPed, FecPed)

LíneaPedido (RefPed, CodArt, CantArt)

Artículo (CodArt, DesArt, PVPArt)

En este esquema relacional se han almacenado hechos distintos en relaciones diferentes.

La teoría de la normalización puede definirse como una técnica formal para organizar datos que nos ayuda a determinar qué está equivocado en un diseño y nos enseña la manera de corregirlo.

La teoría de la normalización se basa en el concepto de forma normal. Un esquema relacional se encuentra en una determinada forma normal si cumple un conjunto concreto de restricciones.

Existen en total seis formas normales:

- Primera forma normal (1FN).

- Segunda forma normal (2FN).

- Tercera forma normal (3FN).

- Forma normal de Boyce/Codd (FNBC).

- Cuarta forma normal (4FN).

- Quinta forma normal (5FN).

Como se puede observar en la siguiente figura, de todo el universo de relaciones solo algunas están en 1FN, de estas solo algunas se encuentran en 2FN, de estas únicamente una parte está en 3FN, y así sucesivamente; es decir, la 2FN impone más restricciones que la 1FN, la 3FN más que la 2FN, etc., siendo la 5FN la que impone restricciones más fuertes.

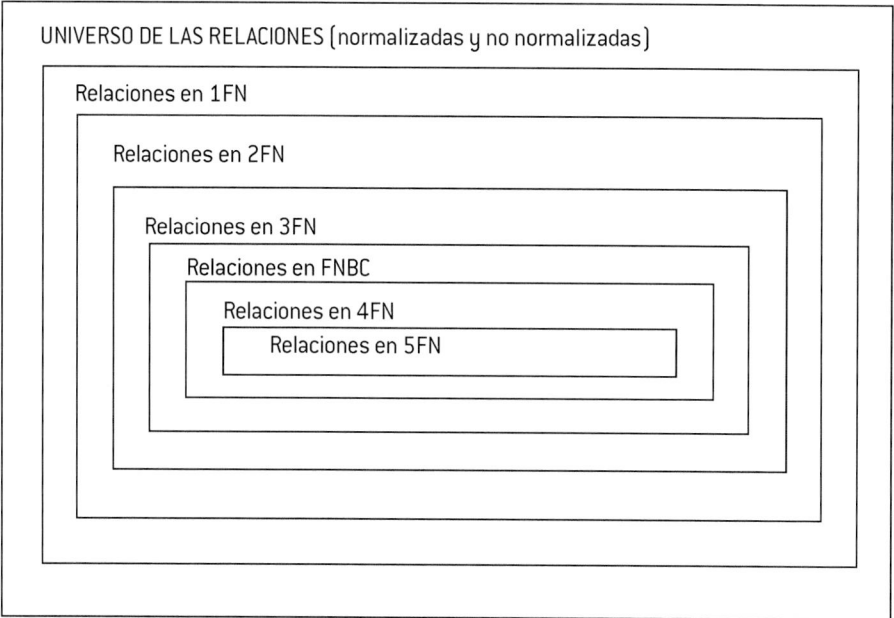

**Figura 2.24.** Representación esquemática de las formas normales.

El estudio de las formas normales requiere el conocimiento previo del concepto de dependencia funcional, que va a ser explicado a continuación.

## 2.7.1. Concepto de dependencias funcionales

La teoría de la normalización se basa en el concepto de dependencia funcional. Vamos a ver varios tipos de dependencias:

### 2.7.1.1. Dependencia funcional

Dados los subconjuntos de atributos $X$ e $Y$ de una relación, se dice que $Y$ depende funcionalmente de $X$ o que $X$ determina o implica a $Y$ si y solo si cada valor de $X$ tiene asociado un único valor de $Y$. Representamos esta dependencia de la siguiente forma:

$$X \rightarrow Y$$

Por ejemplo, en la relación Artículo (CodArt, DesArt, PVPArt), el código del artículo determina la descripción del mismo y su precio puesto que dado un código de artículo (que identifica a un artículo), ese artículo tendrá una sola descripción y un único precio:

$$CodArt \rightarrow DesArt$$
$$CodArt \rightarrow PVPArt$$

Por su parte, en la relación LíneaPedido (RefPed, CodArt, CantArt) la pareja de atributos (*RefPed*, *CodArt*) determinan *CantArt*, porque dado un pedido identificado por su referencia (*RefPed*) y un artículo identificado por su código (*CodArt*) solo hay una cantidad, es decir, en una línea de pedido solo se solicita un número determinado de unidades de un artículo dado. Por ello:

$$(RefPed, CodArt) \rightarrow CantArt$$

Una herramienta útil para mostrar las dependencias funcionales es el grafo o diagrama de dependencias funcionales, mediante el cual se representa un conjunto de atributos y las dependencias funcionales existentes entre ellos. En estos grafos aparecen los nombres de los atributos unidos por flechas, las cuales indican las dependencias funcionales.

En la Figura 2.25 se muestran las dependencias funcionales para las relaciones *Artículo* y *LíneaPedido*, y también para la relación Pedido (RefPed, FecPed), en la cual existe la siguiente dependencia funcional:

$$RefPed \rightarrow FecPed$$

porque para un pedido identificado por su referencia hay una única fecha en que este se realizó.

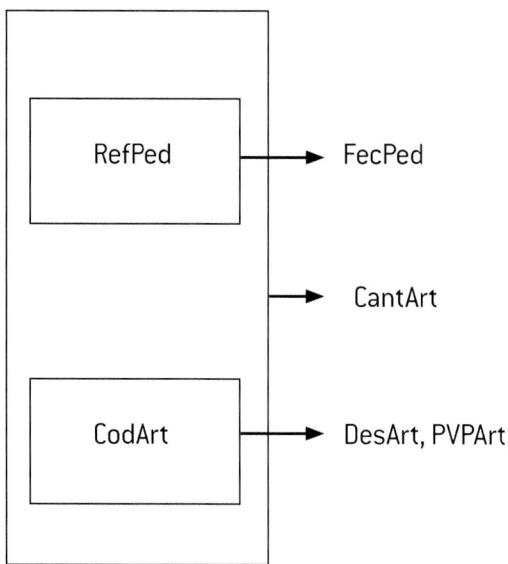

**Figura 2.25.** Diagrama de dependencias funcionales.

### 2.7.1.2. Dependencia funcional completa

Dados los subconjuntos de atributos $X$ e $Y$ de una relación (constando $X$ de varios atributos), se dice que $Y$ tiene una dependencia funcional plena o completa de $X$ si depende funcionalmente de $X$, pero no depende de ningún subconjunto de $X$, lo que se representa por:

$$X \Rightarrow Y$$

Por ejemplo, en la relación LíneaPedido (<u>RefPed, CodArt</u>, CantArt) que ya hemos estudiado, nos podemos plantear si la dependencia funcional

$$(\text{RefPed, CodArt}) \rightarrow \text{CantArt}$$

es plena o completa. Lo será si el atributo *CantArt* depende del par de atributos (*RefPed*, *CodArt*) y no de uno de ellos por separado, es decir, si no son verdad las dos siguientes dependencias funcionales:

$$\text{RefPed} \rightarrow \text{CantArt}$$

$$\text{CodArt} \rightarrow \text{CantArt}$$

La primera de estas dos dependencias funcionales no es cierta porque dado un pedido identificado por su referencia (*RefPed*) puede haber varias cantidades de artículos solicitadas; de hecho, ocurrirá esto siempre que el pedido incluya varias líneas de pedido, es decir, siempre que en el pedido se soliciten dos o más artículos diferentes.

Con respecto a la segunda dependencia funcional, esta será verdadera si dado un artículo identificado por su código (*CodArt*) solo puede haber una cantidad solicitada de ese artículo. Sin embargo, dado que un artículo puede ser solicitado en diferentes pedidos y en cada uno de dichos pedidos se pueden solicitar cantidades diversas de dicho artículo, la dependencia funcional indicada tampoco es cierta.

Como las dos dependencias funcionales parciales analizadas son falsas, podemos decir que la dependencia funcional

$$(RefPed, CodArt) \rightarrow CantArt$$

es plena o completa, lo que se representa:

$$(RefPed, CodArt) \Rightarrow CantArt$$

En un diagrama de dependencias funcionales, como el de la Figura 2.25, las dependencias funcionales totales se representan partiendo la flecha de un rectángulo en cuyo interior aparece más de un atributo.

### 2.7.1.3. Dependencia funcional mutua o interdependencia

Si en una relación se dan las dependencias funcionales $X \rightarrow Y$ e $Y \rightarrow X$ simultáneamente, entonces se dice que entre los atributos *X* e *Y* hay una dependencia funcional mutua o interdependencia, y se representa así:

$$X \leftrightarrow Y$$

Por ejemplo, dada la relación Libro (CodLib, ISBN, Título, Páginas, Editorial), se dan las dependencias funcionales:

$$CodLib \rightarrow ISBN$$

$$ISBN \rightarrow CodLib$$

porque dado un libro identificado por un código, este tiene un solo ISBN y, de manera análoga, dado un libro identificado por su ISBN, tiene un código único. Esto se debe a que ambos atributos son claves candidatas. Pues bien, al darse las dependencias funcionales en ambos sentidos, se puede decir que los atributos *CodLib* e *ISBN* mantienen una dependencia funcional mutua o interdependencia:

$$CodLib \leftrightarrow ISBN$$

### 2.7.1.4. Dependencia funcional transitiva

Sea una relación R (X, Y, Z) en la que existen las siguientes dependencias funcionales:

$$X \rightarrow Y$$

$$Y \rightarrow Z$$

$$Y \nrightarrow X$$

Se dice entonces que Z tiene una dependencia funcional transitiva respecto de *X* a través de *Y* y se representa:

$$X - \rightarrow Z$$

Consideremos la relación Coche (Matrícula, Marca, Modelo, Color).

En esta relación se dan las siguientes dependencias funcionales:

$$Matrícula \rightarrow Marca$$

$$Matrícula \rightarrow Modelo$$

$$Matrícula \rightarrow Color$$

porque dado un vehículo identificado por su matrícula, este tiene una sola marca (Renault o Ford, por ejemplo), un único modelo (Megane o Fiesta, por ejemplo) y un solo color.

Además, también se da la siguiente dependencia funcional:

$$Modelo \rightarrow Marca$$

puesto que dado un modelo de vehículo, le corresponde una única marca (por ejemplo, todos los Meganes son Renault).

Todas estas dependencias funcionales también se pueden representar mediante el siguiente grafo:

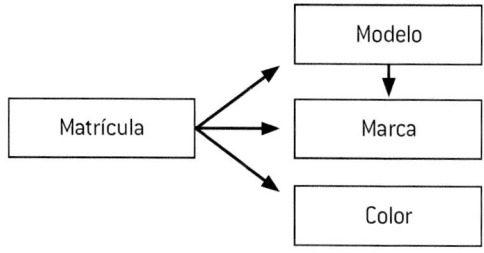

**Figura 2.26.** Diagrama de dependencias funcionales.

Dado que se dan las siguientes dependencias funcionales:

$$Matrícula \rightarrow Modelo$$

$$Modelo \rightarrow Marca$$

$$Modelo \nrightarrow Matrícula$$

se puede decir que *Marca* tiene una dependencia funcional transitiva respecto de *Matrícula* a través de *Modelo* y se representa:

$$Matrícula - \rightarrow Marca$$

## 2.7.1.5. Dependencia multivaluada

Sea una relación R (X, Y, Z). Se dice que *Y* depende de forma multivaluada de otro atributo *X* o que *X* multidetermina a *Y* si cada valor de *X* tiene asignado un conjunto bien definido de valores de Y, y además este conjunto es independiente de cualquier valor que tome otro atributo *Z* que depende del valor de *X*. Las dependencias multivaluadas se representan así:

$$X \rightarrow \rightarrow Y$$

Por ejemplo, podemos tener la siguiente relación Cursos (Curso, Profesor, Texto), en la que se indican por cada curso que se va a impartir, los profesores que lo van a impartir y los libros de texto que se van a usar. Los atributos *Profesor* y *Texto* son atributos con valores múltiples para un mismo valor de *Curso*. Se ha supuesto que existe una regla que obliga a que todos los profesores de un curso puedan emplear todos los libros de texto correspondientes a ese curso.

| Curso | Profesor | Texto |
|---|---|---|
| Diseño de bases de datos | José Manuel Piñeiro<br>Ana Santos | Gestión de bases de datos<br>Fundamentos de bases de datos |
| Programación orientada a objetos | Laura Gil<br>Mario Pérez | Fundamentos de programación<br>Programación en Java |

**Figura 2.27.** Relación con dependencias multivaluadas.

El atributo *Curso* determina valores múltiples de *Profesor* y *Texto* y estos dos atributos son independientes entre sí. Así pues, dado un curso, habrá un conjunto de profesores que lo van a impartir y un conjunto de textos de referencia que se van a emplear, lo que se plasma mediante las siguientes dependencias multivaluadas:

$$Curso \rightarrow \rightarrow Profesor$$

$$Curso \rightarrow \rightarrow Texto$$

## 2.7.1.6. Dependencia de reunión

Una relación tiene una dependencia de reunión si puede ser reconstruida sin pérdida de información a partir de una combinación de alguna de sus proyecciones. Estas dependencias son difíciles de detectar.

En la Figura 2.28 se representa una tabla de vendedores-electrodomésticos-marcas. En el segundo nivel se representan sus proyecciones binarias (con dos atributos). A continuación, su combinación se realiza en dos fases: en la primera se combinan las dos primeras proyecciones binarias y luego el resultado de esta reunión se combina con la tercera proyección binaria. Como el resultado es exactamente igual a la tabla de partida, la relación original presenta una dependencia de reunión. Cabe señalar que para todas las tablas mostradas su clave primaria está constituida por todos los atributos de cada tabla.

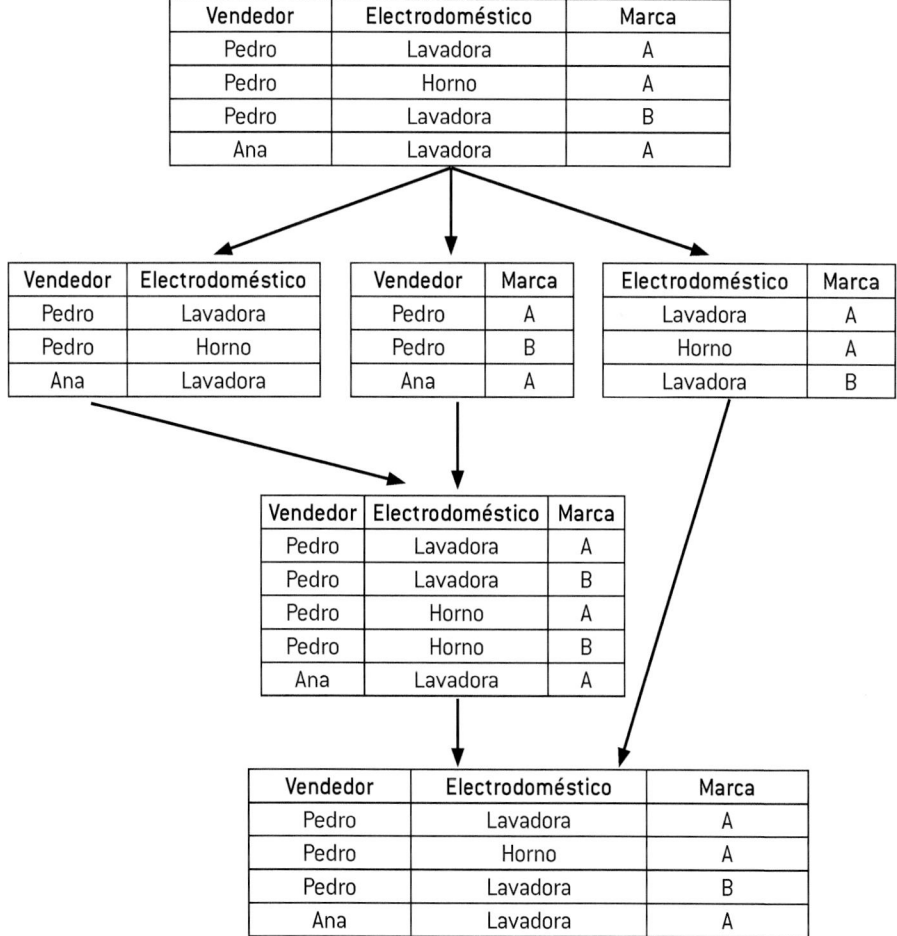

**Figura 2.28.** Comprobación de dependencia de reunión.

## 2.7.2. Análisis y aplicación de las distintas formas normales: 1.ª, 2.ª, 3.ª, 4.ª y 5.ª forma normal y la forma normal de Boyce/Codd

Se va a realizar a continuación un estudio de cada una de las formas normales.

### 2.7.2.1. Primera forma normal (1FN)

Una relación se encuentra en 1FN si cada uno de sus componentes es atómico, es decir, si no presenta grupos repetitivos. Podemos definir un grupo repetitivo como un atributo o conjunto de atributos con valores múltiples.

Para eliminar un grupo repetitivo, es decir, para pasar una relación a 1FN, se deben eliminar de la relación de partida los atributos que constituyen el grupo repetitivo, creando una nueva relación con la clave primaria de la relación original y los atributos del grupo repetitivo. La clave de la nueva relación suele consistir en la concatenación de la clave primaria de la relación original con la clave del grupo repetitivo.

Por ejemplo, disponemos de la siguiente relación:

Pedido (RefPed, FecPed, CodArt, DesArt, CantArt, PVPArt)

en la que se muestra la información relativa a un pedido y a los artículos que en él se solicitan, indicando por cada uno de los artículos pedidos, su código, descripción, número de unidades solicitadas y precio. Los atributos *CodArt*, *DesArt*, *CantArt* y *PVPArt* constituyen un grupo repetitivo porque si consideramos como clave primaria de la relación el atributo *RefPed*, para un mismo pedido identificado por su referencia (*RefPed*), se pueden solicitar varios artículos, cada uno de los cuales tendrá su *CodArt*, *DesArt*, *CantArt* y *PVPArt*.

Al existir un grupo repetitivo, esta relación no se encuentra en 1FN. Para pasarla a 1FN, hemos de eliminar de la relación *Pedido* los cuatro atributos que constituyen el grupo repetitivo, generando así una nueva relación, que podemos llamar *Pedido'*. Además, tendremos que crear una nueva relación con los cuatro atributos del grupo repetitivo más la clave primaria de la relación de partida (*RefPed*), siendo la clave de esta nueva relación surgida la clave de la relación de partida (*RefPed*) más el atributo clave del grupo repetitivo (*CodArt*). Nos quedaría, por tanto, el siguiente esquema relacional:

Pedido' (<u>RefPed</u>, FecPed)

LíneaPedido (<u>RefPed, CodArt</u>, DesArt, CantArt, PVPArt)

## 2.7.2.2. Segunda forma normal (2FN)

Una relación se encuentra en 2FN si estando en 1FN cada atributo que no forme parte de una clave candidata mantiene una dependencia funcional total respecto de dicha clave candidata, es decir, todo atributo debe depender de toda la clave y no solo de parte de ella.

Para pasar una relación a 2FN, se debe eliminar de la relación el atributo que genera la dependencia parcial y crear una nueva relación con ese atributo y con el/los atributo/s de que depende como clave primaria.

Siempre que una relación en 1FN presenta una clave primaria compuesta por un solo atributo, ya se encuentra automáticamente en 2FN. También se encontrarán en 2FN las relaciones en 1FN que no presenten atributos no clave.

Si tomamos el esquema relacional obtenido en el apartado anterior, la relación *Pedido'* ya se encuentra en 2FN por estar en 1FN y tener una clave primaria que consta de un solo atributo. En lo que respecta a la relación *LíneaPedido*, para que esta se encuentre en 2FN se deberá cumplir que los atributos no clave, es decir, *DesArt*, *CantArt* y *PVPArt*, dependan de la totalidad de la clave, es decir, que tengan una dependencia funcional total respecto del par de atributos *(RefPed, CodArt)*:

$$(RefPed, CodArt) \Rightarrow DesArt$$

$$(RefPed, CodArt) \Rightarrow CantArt$$

$$(RefPed, CodArt) \Rightarrow PVPArt$$

La primera dependencia funcional total no es cierta porque la descripción del artículo solo depende del código del mismo y no del pedido en el que se solicite, es decir, es verdad la dependencia parcial $CodArt \rightarrow DesArt$. Por este motivo, ya podemos afirmar que la relación *LíneaPedido* no se encuentra en 2FN.

La segunda dependencia funcional total sí es verdadera porque la cantidad que de un artículo se solicita en un pedido no viene determinada únicamente por el pedido en cuestión o el artículo que se solicita, sino por ambos hechos. Dicho de otra forma, $RefPed \rightarrow CantArt$, dado que para un pedido se pueden solicitar diferentes cantidades de diversos artículos; de modo análogo, $CodArt \nrightarrow CantArt$, porque un artículo puede ser solicitado en varios pedidos, para cada uno de los cuales se solicitará una determinada cantidad de dicho artículo.

La tercera dependencia funcional total será verdadera en caso de que el precio de los artículos no siempre sea el mismo para todos los pedidos. Si, como es más habitual, consideramos que el precio de los artículos es el mismo para todos los clientes, entonces se cumple la dependencia funcional $CodArt \rightarrow PVPArt$, con lo que no se cumple tampoco que el atributo no clave *PVPArt* depende de la totalidad de la clave, por lo que este sería otro motivo por el cual la relación no se encuentra en 2FN.

Otra manera de observar si una relación se encuentra en 2FN es analizar su diagrama de dependencias funcionales.

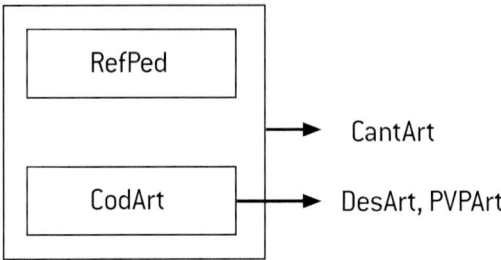

**Figura 2.29.** Diagrama de dependencias funcionales.

Si en él hay alguna flecha que atraviesa el espacio dejado entre los atributos que componen la clave compuesta y los atributos no clave, entonces es que hay algún atributo que no depende de la totalidad de la clave, por lo que la relación correspondiente no se encuentra en 2FN, como ocurre en este caso.

Pasemos, por tanto, la relación *LíneaPedido* a 2FN: para ello hemos de eliminar de esta relación cada uno de los atributos que no depende de la totalidad de la clave (*DesArt* y *PVPArt*) y crear en principio por cada uno de ellos una nueva relación con cada uno de estos atributos y aquel del que depende (*CodArt*). Como en este caso, ambos atributos dependen del mismo (*CodArt*), no es necesario crear una relación nueva por cada uno de ellos, sino solamente una que albergue los dos atributos y aquel del que dependen como clave. El esquema relacional nos quedaría como sigue:

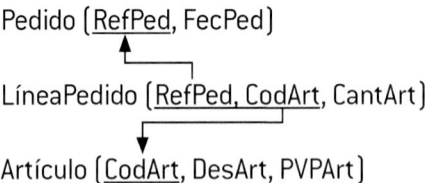

### 2.7.2.3. Tercera forma normal (3FN)

Una relación se encuentra en 3FN si estando en 2FN cada atributo que no forme parte de una clave candidata depende directamente de ella, es decir, si no hay dependencias transitivas. Toda relación en 2FN con menos de dos atributos no clave ya se encuentra automáticamente en 3FN.

Para eliminar las dependencias transitivas se elimina de la relación que no está en 3FN el atributo que genera la dependencia transitiva y se crea una tabla con el/los atributo/s transitivo/s y el atributo del que depende o por medio del cual mantiene/n la transitividad.

Así, si tenemos la relación R ($\underline{A}$, B, C) con las siguientes dependencias funcionales:

$$\overset{\curvearrowleft}{A \rightarrow B \rightarrow C}$$

existe una dependencia funcional transitiva de *C* respecto de *A* porque *C* depende de *B* y no directamente de *A*, que es la clave. Se solucionaría este problema, es decir, se pasaría la relación a 3FN, con el siguiente esquema relacional:

R1 ($\underline{A}$, B)

R2 ($\underline{B}$, C)

Consideremos la relación Coche ($\underline{Matrícula}$, Marca, Modelo, Color) a la que ya nos referimos en el Apartado 2.7.1.4. En esta relación, *Marca* tiene una dependencia funcional transitiva respecto de *Matrícula* a través de *Modelo* porque:

$$\overset{\curvearrowleft}{Matrícula \rightarrow Modelo \rightarrow Marca}$$

Por este motivo, esta relación no se encuentra en 3FN y para pasarla a esta forma normal lo que hemos de hacer es eliminar de la relación *Coche* al atributo transitivo (*Marca*) y crear una nueva relación con dicho atributo más aquel del que depende, siendo este último la clave primaria de esta nueva relación. El resultado sería el siguiente esquema relacional.

Coche' ($\underline{Matrícula}$, Modelo, Color)

Modelos ($\underline{Modelo}$, Marca)

## 2.7.2.4. Forma normal de Boyce/Codd (FNBC)

La definición original de Codd de 3FN tenía ciertas deficiencias. Concretamente, no manejaba de manera satisfactoria una relación en la cual hay varias claves candidatas, esas claves candidatas son compuestas, y las claves candidatas se solapan (tienen algún atributo en común). Así pues, se definió una forma normal más potente.

Una relación está en FNBC si todo determinante existente en la relación podría por sí mismo ser clave de la misma, es decir, es clave candidata.

$$A \rightarrow B \qquad\qquad (A,B) \rightarrow C$$
determinante                    determinante

Se demuestra que toda relación que esté en FNBC ya está en 3FN. Lo contrario no es cierto.

Consideremos la siguiente relación R (A, B, C) donde (A, B) → C y C → B. Tenemos dos determinantes (A,B) y C, de los que uno solo es clave candidata (A,B), por lo que la relación no se encuentra en FNBC.

Para poner una relación en FNBC:

1. Se crea una tabla con la parte de la clave que es independiente (A) y todos los atributos no primarios (C).

$$R_1 \, (\underline{A, C})$$

2. Se crea otra tabla con la parte de la clave restante y el atributo secundario del que depende, y será este último la clave de la nueva tabla.

$$R_2 \, (\underline{C}, B)$$

Consideremos la relación: Postal (Dirección, Población, CP)

| Dirección | Población | CP |
|-----------|-----------|-------|
| Pez, 5 | Móstoles | 28823 |
| Luz, 5 | Móstoles | 28823 |
| Mar, 4 | Madrid | 28019 |
| Sal, 4 | Madrid | 28007 |
| Sal, 4 | Torrejón | 28809 |

**Figura 2.30.** Relación Postal.

En esta relación tenemos las siguientes reglas semánticas:

1. Puede existir el mismo nombre de calle en dos ciudades.

2. Una calle puede tener un tramo con un código postal y otro tramo con un código postal diferente.

3. Un código postal no puede abarcar dos poblaciones ni en todo ni en parte.

4. No existen dos poblaciones con el mismo nombre.

Esta relación está en 3FN, pero no en FNBC, porque tenemos las siguientes dependencias funcionales:

$$(\text{Dirección, Población}) \rightarrow CP$$

$$CP \rightarrow \text{Población}$$

Tenemos dos determinantes: (Dirección, Población), que sí es clave candidata, pero CP no lo es porque puede haber varias tuplas con el mismo CP. Pasamos la relación a FNBC:

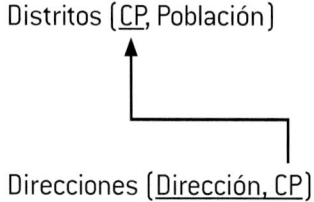

Distritos (CP, Población)

Direcciones (Dirección, CP)

## 2.7.2.5. Cuarta forma normal (4FN)

Una relación se encuentra en 4FN si está en FNBC y no existen dependencias multivaluadas. Las dependencias multivaluadas ocasionan problemas en el mantenimiento de la relación que las presenta. Estos inconvenientes se resuelven descomponiendo la relación que presenta las dependencias multivaluadas.

Así, dada la relación R (X, Y, Z) con las dependencias multivaluadas $X \rightarrow \rightarrow Y$ y $X \rightarrow \rightarrow Z$, la relación puede descomponerse en R1 (X, Y) y R2 (X, Z). Como se puede ver, estas relaciones contienen cada una de ellas uno de los atributos con valores múltiples.

La relación Cursos (Curso, Profesor, Texto) estudiada en el Apartado 2.7.1.5, presenta las dependencias multivaluadas

$$\text{Curso} \rightarrow \rightarrow \text{Profesor}$$

$$\text{Curso} \rightarrow \rightarrow \text{Texto}$$

y, por tanto, no se encuentra en 4FN, la solución sería crear las dos siguientes relaciones:

Cursos1 (Curso, Profesor)

Cursos2 (Curso, Texto)

| Curso | Profesor |
|---|---|
| Diseño de bases de datos | José Manuel Piñeiro |
| Diseño de bases de datos | Ana Santos |
| Programación orientada a objetos | Laura Gil |
| Programación orientada a objetos | Mario Pérez |

| Curso | Texto |
|---|---|
| Diseño de bases de datos | Gestión de bases de datos |
| Diseño de bases de datos | Fundamentos de bases de datos |
| Programación orientada a objetos | Fundamentos de programación |
| Programación orientada a objetos | Programación en Java |

**Figura 2.31.** Relaciones en 4FN.

## 2.7.2.6. Quinta forma normal (5FN)

Una relación se encuentra en 5FN si para toda dependencia de reunión, cada proyección incluye una clave de la tabla original. Las dependencias de reunión son difíciles de detectar y la aplicación de esta forma normal no es muy común. Además, el resultado de su aplicación es muchas veces cuestionable por la complejidad que añade la división de la relación original en un número importante de nuevas relaciones.

Considerando la relación expuesta en el Apartado 2.7.1.6, como las proyecciones de la Figura 2.28 no contienen la clave de la tabla de partida, esta no se encuentra en 5FN. Para solucionar este problema, la tabla vendedores-electrodomésticos-marcas debe descomponerse en las tres tablas que constituyen las proyecciones de la misma figura.

## 2.7.3. Ventajas e inconvenientes que justifican una desnormalización de las tablas. Valoración en diferentes supuestos prácticos

Una de las tareas que se suele realizar como parte del diseño lógico después de obtener un esquema lógico normalizado, es considerar la introducción de ciertas redundancias controladas y otros cambios en el esquema. Ocurre que a veces puede ser adecuado relajar las reglas de normalización introduciendo redundancias de forma controlada con el fin de mejorar las prestaciones del sistema.

Se podría hablar de dos tipos de bases de datos distinguibles básicamente por el tipo de operaciones predominantes sobre ellas, a saber: las bases de datos en las que predominan las consultas y aquellas en las que son más frecuentes las actualizaciones (altas, bajas y modificaciones). Para el segundo caso, es más conveniente el promover una minimización de la redundancia, no planteándose casi nunca la posibilidad de relajar las reglas de normalización.

Sin embargo, para las bases de datos en las que predominan las consultas, puede ser conveniente en algunos casos realizar cierta desnormalización con el fin de que dichas consultas sean lo más eficientes posibles.

En la etapa de diseño lógico es conveniente llegar al menos hasta la tercera forma normal para obtener un esquema relacional con una estructura consistente y sin redundancias. No obstante, ocurre a veces que las bases de datos así normalizadas no proporcionan la máxima eficiencia, siendo, por tanto, recomendable volver atrás y desnormalizar algunas tablas con el fin de mejorar las prestaciones. Cabe señalar que la desnormalización solo se debe llevar a cabo si se considera que el sistema no puede llegar a las prestaciones deseadas. Además, el que algunas veces sea conveniente desnormalizar no conlleva en ningún caso eliminar la fase de normalización del diseño lógico. Se debe tener en cuenta, asimismo, que la desnormalización conlleva las siguientes desventajas:

- Puede ralentizar las actualizaciones, motivo por el cual no es conveniente llevarla a cabo en las bases de datos en las que predominan las actualizaciones.

- Debido a las redundancias que se pueden generar, alguien se debe encargar de asegurar la integridad de los datos para evitar que se produzcan inconsistencias. Ante esta situación, se pueden plantear dos alternativas. La primera de ellas consiste en que sean los programas de aplicación los que se responsabilicen de la integridad de los datos. La segunda opción, más adecuada, sería la creación de disparadores o *triggers* mediante cuya ejecución se garantice la integridad de los datos. Un disparador es un procedimiento almacenado en la base de datos cuya ejecución se lleva a cabo al realizar una operación de actualización de la base de datos (alta, baja o modificación). De esta manera, mediante la ejecución de este procedimiento se garantizará que las diversas copias redundantes se mantengan consistentes.

- Puede ser más difícil la inclusión de nuevas entidades de datos futuras por ampliación de la aplicación, al haberse realizado desviaciones con respecto al modelo de datos normalizado.

Se podría decir que si un número importante de consultas sobre una base de datos requiere de combinaciones de más de cinco o seis tablas, entonces es aconsejable el uso de la desnormalización. Naturalmente, esto solo en el caso de que se trate de una base de datos en la que no predominen las actualizaciones, como se indicó anteriormente.

A continuación se van a analizar diversas situaciones comunes en las que se puede considerar la posibilidad de desnormalizar.

### 2.7.3.1. Combinar relaciones de uno a uno

Puede ser conveniente reunir en una sola tabla los atributos de dos tablas involucradas en una relación de 1 a 1 si se accede a las dos tablas de manera conjunta con frecuencia y apenas se accede a ellas por separado. Por ejemplo, si disponemos de dos entidades *Instituto* y *Director* vinculadas a través de una relación 1:1, lo habitual sería disponer del siguiente esquema relacional:

Instituto (<u>NomIns</u>, DirIns, CPIns, LocalidadIns, NIFDir)

Director (<u>NIFDir</u>, NomDir, AntigüedadDir)

Si se sabe que con frecuencia se accede a estas dos tablas conjuntamente (lo que implica realizar una combinación de las dos tablas) y apenas se accede a ellas por separado, se pueden unir en una sola tabla, como la siguiente:

Instituto (<u>NomIns</u>, DirIns, CPIns, LocalidadIns, NIFDir, NomDir, AntigüedadDir)

### 2.7.3.2. Duplicar atributos no clave en relaciones de uno a varios

Para evitar, como en el caso anterior, combinaciones entre dos tablas, pueden incluirse atributos de la tabla correspondiente a la cardinalidad 1 en la tabla a la que corresponde la cardinalidad n. Por ejemplo, si tenemos una tabla que contiene datos de los departamentos de que consta la empresa y otra con datos de los empleados que trabajan en ellos, en principio tendríamos el siguiente esquema relacional:

Empleado (<u>NSSEmp</u>, NomEmp, DirEmp, TelEmp, NumDep)

Departamento (<u>NumDep</u>, NomDep, DirDep)

Si sabemos que con frecuencia en las consultas en las que se muestran los datos de los empleados también se requiere mostrar los del departamento en el que trabaja cada empleado, sería conveniente reunir los atributos de las dos tablas en una sola, dando lugar a la siguiente tabla:

Empleado (<u>NSSEmp</u>, NomEmp, DirEmp, TelEmp, NumDep, NomDep, DirDep)

### 2.7.3.3. Duplicar atributos en relaciones de varios a varios

Cuando nos encontramos con una relación de varios a varios entre dos entidades, al llevar a cabo el diseño lógico se crea una tabla con los atributos clave de las entidades relacionadas y los atributos propios de la relación. Si se quiere obtener información de la relación de varios a varios, en la mayoría de los casos será necesario realizar la combinación de las tres tablas, lo que es computacionalmente costoso. Se puede evitar esto incluyendo algunos atributos de las tablas originales en la tabla que se crea a partir de la relación N:M. Consideremos, por ejemplo, que se dispone del siguiente esquema relacional ya estudiado anteriormente:

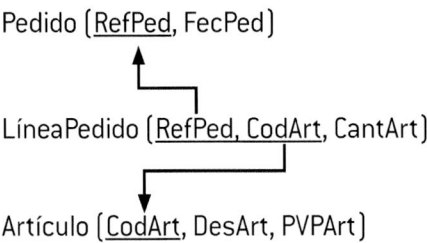

Pedido (RefPed, FecPed)

LíneaPedido (RefPed, CodArt, CantArt)

Artículo (CodArt, DesArt, PVPArt)

Si se sabe que con frecuencia cuando se muestra información de las líneas de pedido, hay que mostrar también la descripción de cada artículo y su precio, se puede valorar la posibilidad de incluir estos dos atributos (*DesArt* y *PVPArt*) en la tabla *LíneaPedido*.

### 2.7.3.4. Incluir datos derivados

Cuando en una consulta hay que obtener un dato derivado de otros, puede ahorrarse tiempo si este dato ya está precalculado en algún atributo de la tabla. Por ejemplo, en el esquema relacional del apartado anterior (2.7.3.3) se podría añadir en la tabla *LíneaPedido* el importe de la línea de pedido (*ImpLin*) si sabemos que se trata de un dato que se consulta muy frecuentemente. Se trata de un dato derivado porque resulta de multiplicar el atributo *CantArt* de la tabla *LíneaPedido* (número de unidades solicitadas de un artículo) por el importe del artículo (atributo *PVPArt* de la tabla *Artículo*).

### 2.7.3.5. Partición de tablas

Algunas veces de una tabla grande solamente interesa, para la realización de la mayoría de los procesos, una pequeña parte de la misma. Se podría mejorar el tiempo de estos procesos almacenando en una sola tabla los atributos más usados, dejando el resto de atributos en otra tabla. Al ser la tabla con accesos más frecuentes de menor tamaño, los accesos a ella se realizarán más rápidamente.

En este caso los datos más usados son unos determinados atributos de la tabla y para aumentar la eficiencia de las consultas deberíamos realizar una partición vertical de la tabla. A la hora de realizar una partición o fragmentación vertical de una tabla, hemos de tener en cuenta que todas las particiones deben incluir el/los atributo/s clave primaria de la tabla para poder en cualquier caso recuperar la información original.

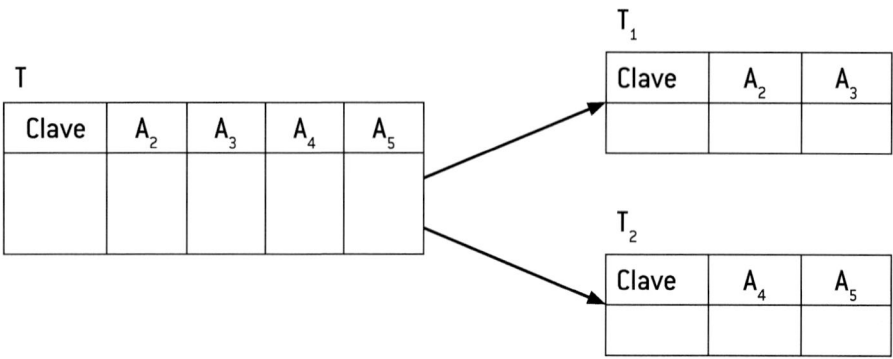

**Figura 2.32.** Fragmentación vertical.

Por ejemplo, si disponemos de una tabla con datos sobre los empleados de una empresa que incluye, por un lado, sus datos personales, (número de Seguridad Social, nombre, dirección y teléfono) y por otro, datos sobre su trabajo en la empresa (cargo y cualificación), y sabemos que los datos personales son mucho más accedidos que los otros, se podrían crear dos fragmentos verticales: uno con los datos personales y otro con los datos sobre su trabajo. Ambos fragmentos deberían incluir la clave primaria (número de Seguridad Social).

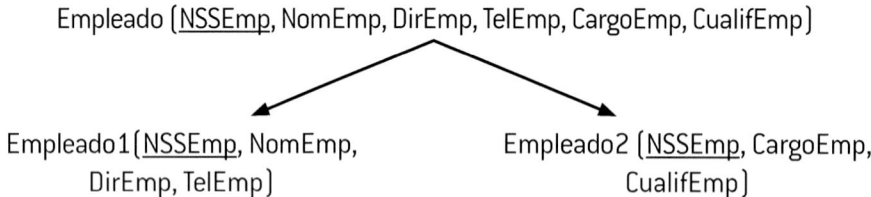

Hemos de tener en cuenta que una fragmentación vertical conlleva los siguientes inconvenientes:

- Cuando se dé de alta un nuevo empleado en la empresa habrá que añadir una tupla en cada una de las dos tablas (*Empleado1* y *Empleado2*). Si un empleado deja de trabajar en la empresa, también será preciso eliminar una fila de cada una de las dos tablas.

- Si se quieren consultar para uno o varios empleados cierta información que incluya datos de las dos tablas, será necesario realizar una combinación de ambas tablas.

- Si es necesario combinar los datos de empleados con los de otras tablas y se precisan datos de las dos tablas (*Empleado1* y *Empleado2*), entonces es necesario realizar una combinación adicional con la/s otra/s tabla/s.

- Si en el futuro cambiara la frecuencia de uso de los campos de las dos tablas, podría ser necesario reestructurar las tablas, lo que conllevaría modificaciones en los programas de aplicación que traten estas tablas.

En otros casos, puede ocurrir que los datos más accedidos sean unas determinadas filas de una tabla. En este caso, para aumentar la eficiencia puede ser conveniente realizar una fragmentación horizontal de la tabla, quedando en un fragmento las filas con los datos más accedidos y en el otro, las filas correspondientes a los datos menos accedidos.

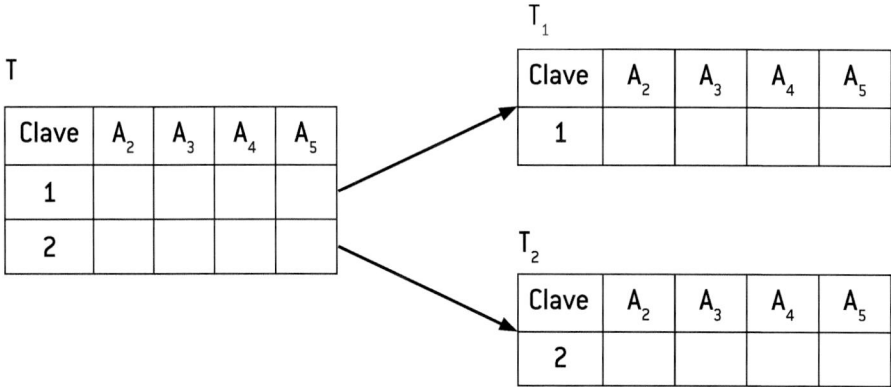

**Figura 2.33.** Fragmentación horizontal.

Hemos de tener en cuenta que una fragmentación horizontal conlleva los siguientes inconvenientes:

- Cuando se dé de alta un nuevo empleado en la empresa habrá que añadir una tupla en una de las dos tablas (*Empleado1* o *Empleado2*), por lo que los programas dependen del criterio de fragmentación que se haya adoptado.

- Cuando se quieran consultar los datos de un empleado de la empresa habrá que saber a cuál de las dos tablas acudir (*Empleado1* o *Empleado2*), por lo que los programas dependen del criterio de fragmentación que se haya adoptado.

- Si hay que llevar a cabo consultas que afectan a empleados de los dos fragmentos, es necesario emplear el operador *unión*, lo que es computacionalmente costoso.

- Si hay que combinar datos de empleados con datos de otras tablas, es necesario realizar varias combinaciones.

- Si en el futuro cambiara la frecuencia de uso de las filas de las dos tablas, podría ser necesario reestructurar las tablas, lo que conllevaría modificaciones en los programas de aplicación que traten estas tablas.

### 2.7.3.6. Atributos repetidos en la misma fila

La primera forma normal tiene por objetivo eliminar los grupos repetitivos que se presentan en una relación, originando una nueva tabla con los atributos del grupo repetitivo más la clave primaria de la relación de partida. Por ejemplo, disponemos de la siguiente relación, en la que se almacena por cada universidad su rector y sus vicerrectores:

Universidad (<u>NomUni,</u> Rector, Vicerrector,...)

Al haber varios vicerrectores (tres como máximo), tenemos un grupo repetitivo, por lo que la relación en 1FN quedaría como sigue:

Universidad$_1$ (<u>NomUni</u>, Rector)

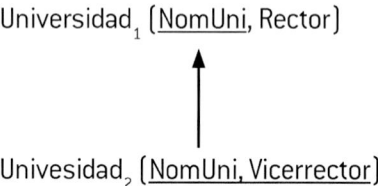

Univesidad$_2$ (<u>NomUni, Vicerrector</u>)

La obtención del rector y vicerrectores de cada universidad implicaría combinar las dos tablas y leer entre dos y cuatro filas de datos. Para evitar esto, se puede desnormalizar de la manera que se indica a continuación.

Si en este caso sabemos que el número máximo de vicerrectores de una universidad es de tres, se podrían condensar todos los atributos en una sola relación:

Universidad (<u>NomUni</u>, Rector, Vicerrector$_1$, Vicerrector$_2$, Vicerrector$_3$)

Esto tendría el inconveniente de que en aquellos casos en los que haya menos de tres vicerrectores para una universidad habría uno o varios atributos con valor nulo.

### 2.7.4. Desarrollo de diferentes supuestos prácticos de normalización de datos incluyendo propuestas de desnormalización de datos

En el apartado de ejercicios resueltos para el Capítulo 2 se proponen diversos supuestos prácticos de normalización, a los que se remite el lector. Se podrán encontrar más supuestos de normalización en el apartado dedicado a ejercicios propuestos.

# 3. Descripción y aplicación del modelo Entidad-Relación para el modelado de datos

## Contenido

## 3.1. Proceso de realización de diagramas Entidad-Relación

El modelo de datos más empleado en la actualidad para llevar a cabo el diseño o modelado conceptual de bases de datos es el modelo Entidad-Interrelación, más conocido como modelo Entidad-Relación o incluso modelo E-R. Este modelo fue propuesto por Peter Chen, en 1976. Posteriormente otros autores realizaron aportaciones al modelo básico propuesto por Chen, dando lugar a lo que se denomina el modelo extendido Entidad-Relación. En el Apartado 3.2 se expondrá el modelo básico propuesto por Chen, dejando para un apartado posterior las extensiones propuestas por otros autores.

En este modelo podemos decir que los elementos básicos son: las entidades, los dominios y atributos y las relaciones o interrelaciones.

## 3.2. Elementos

Se van a exponer a continuación los elementos de que consta un diagrama Entidad-Relación:

### 3.2.1. Entidad

Podemos definir una entidad como cualquier objeto sobre el que se desea almacenar información en la base de datos. Por ejemplo, si queremos desarrollar una base de datos para gestionar la información de una biblioteca, podrían ser entidades los libros, los autores, las editoriales, etc.

Se llama ocurrencia de una entidad a cada una de las realizaciones concretas de esa entidad en el mundo real o a cada instancia de esa entidad. Así, por ejemplo, una ocurrencia de la entidad *Libro* podría ser el libro titulado *Bases de datos relacionales y modelado de datos*.

Una entidad se representa mediante un rectángulo en el interior del cual se coloca el nombre de la entidad en cuestión. Por ejemplo, la entidad *Libro* se representaría así:

$$\boxed{\text{Libro}}$$

**Figura 3.1.** Representación gráfica de una entidad.

### 3.2.2. Relación

Una relación o interrelación se puede definir como una asociación o correspondencia entre entidades. Así, si tenemos dos entidades *Empleado* y *Departamento*, se podría establecer una relación entre ellas llamada *trabaja* para reflejar qué empleados trabajan en cada departamento.

Una relación se representa mediante un rombo con el nombre de la relación en su interior y desde el que salen líneas que lo unen a las entidades participantes en la relación. Por ejemplo, la relación comentada en el párrafo anterior se puede representar así:

**Figura 3.2.** Representación gráfica de una relación.

Toda relación tiene las siguientes características:

- Nombre: toda relación debe tener un nombre único en el esquema E-R.

- Grado: hace referencia al número de entidades que participan en una relación. En función del grado las relaciones se pueden clasificar en:

  — Relaciones binarias o de grado 2: son aquellas que relacionan a dos entidades. Así, la relación de la figura 2 es una relación binaria.

  — Relaciones reflexivas o de grado 1: son aquellas que relacionan una entidad consigo misma. Así, la relación *es jefe de* que relaciona un empleado con su empleado jefe es una relación reflexiva porque relaciona la entidad *Empleado* consigo misma.

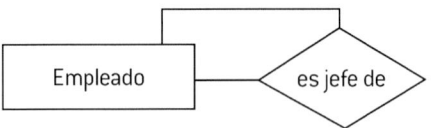

**Figura 3.3.** Relación reflexiva.

  — Relaciones ternarias, cuaternarias,... o de grado 3, 4,...: son aquellas que relacionan tres, cuatro... entidades respectivamente. En la Figura 3.4 se representa una relación ternaria llamada *imparte* que relaciona un profesor con las asignaturas que imparte y el grupo o grupos a los que imparte cada una de las asignaturas.

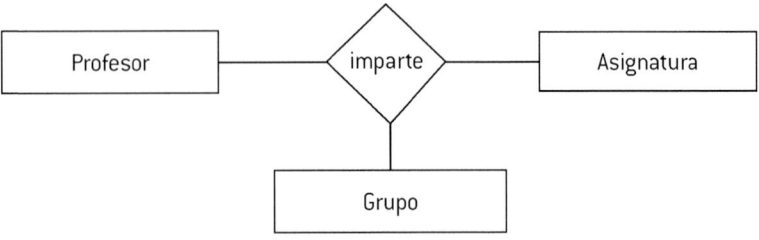

**Figura 3.4.** Relación ternaria.

Las relaciones más habituales son las binarias, y a continuación las reflexivas. Sin embargo, las relaciones de grado superior a 2 son bastante escasas.

- Tipo de correspondencia: hace referencia al número máximo de ocurrencias de una entidad que pueden estar asociadas con una ocurrencia de la otra entidad participante en la relación. El tipo de correspondencia se indica al lado del rombo que representa la relación, y para las relaciones reflexivas y binarias puede ser:

  — 1:1: se da cuando cada ocurrencia de una entidad solo puede estar asociada, como máximo, con una ocurrencia de la otra entidad. Por ejemplo, la relación binaria *dirige* que se establece entre un director y el instituto que dirige es una relación 1:1 porque un director solo puede dirigir un instituto y un instituto solo tiene un director. La relación reflexiva *está casada* que se establece entre una persona y la persona con la que está casada, también es 1:1 porque una persona solo puede estar casada como máximo con una persona.

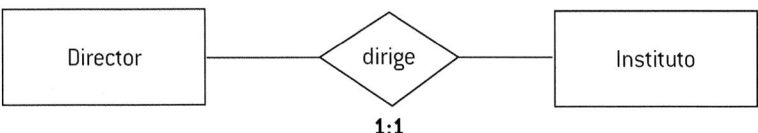

**Figura 3.5.** Relación 1:1 binaria.

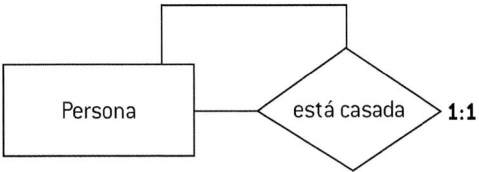

**Figura 3.6.** Relación 1:1 reflexiva.

  — 1:N: se da cuando una ocurrencia de una entidad puede estar asociada con varias ocurrencias de la otra entidad, mientras que una ocurrencia de la otra entidad solo puede estar asociada con una ocurrencia de la primera. Por ejemplo, la relación *trabaja* que se establece entre un empleado y el departamento en el que trabaja es de tipo 1:N porque en un departamento trabajan varios empleados, pero un empleado trabaja en un solo departamento. La relación *es jefe de* que se establece entre un empleado y su jefe directo también es 1:N si consideramos que un empleado puede ser jefe de varios empleados, pero un empleado tiene un solo jefe.

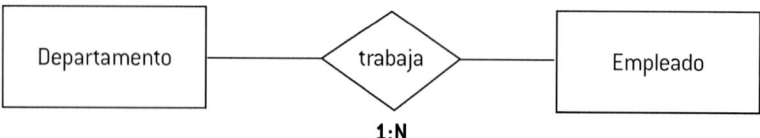

**Figura 3.7.** Relación 1:N binaria.

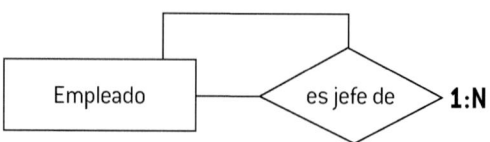

**Figura 3.8.** Relación 1:N reflexiva.

— N:M: se da cuando una ocurrencia de una entidad puede estar asociada con varias ocurrencias de la otra entidad y cada ocurrencia de la otra entidad también puede estar asociada con varias ocurrencias de la primera. Por ejemplo, la relación *incluye* que se establece entre un pedido y los artículos que incluye es de tipo N:M porque en un pedido se incluyen varios artículos y un artículo puede ser solicitado en varios pedidos. La relación *se compone de* que se establece entre una pieza y las piezas de que se compone también es N:M porque una pieza se puede descomponer en varias piezas y, a su vez, una pieza puede aparecer como componente de varias piezas.

**Figura 3.9.** Relación N:M binaria.

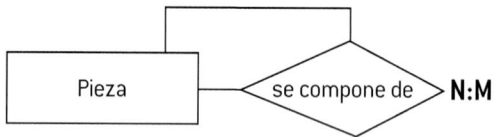

**Figura 3.10.** Relación N:M reflexiva.

### 3.2.3. Atributo y dominio

Podemos definir atributo como cada una de las características o propiedades de una entidad o de una relación. Así, por ejemplo, la entidad *Libro* puede tener los atributos código, ISBN, título, número de páginas, etc. Una entidad llamada *Persona* podría tener los atributos NIF, nombre, dirección, sexo, teléfono, etc.

Para una ocurrencia de una entidad cada atributo solo puede tomar un valor. Por ejemplo, puede haber una ocurrencia para la entidad *Persona* que tome el valor 12345678A para el atributo NIF, nombre Luis Pérez Rupérez, dirección C/ Mayor, 15 2º A, Bilbao, sexo H y teléfono 689989898.

El dominio de un atributo se puede definir como el conjunto de valores que puede tomar ese atributo. Así, por ejemplo, el dominio para el atributo *ISBN* de la entidad *Libro* puede ser una cadena de 13 caracteres, mientras que el dominio para el atributo *Sexo* de la entidad *Persona* puede incluir solo los valores "H" (para hacer referencia a hombre) y "M" (para hacer referencia a mujer).

Los dominios se suelen representar mediante un óvalo o círculo con el nombre del mismo en su interior y el nombre del atributo en cuestión sobre la línea que une el óvalo o círculo con el rectángulo correspondiente a la entidad. No obstante, dado que esta representación haría que los esquemas E-R fuesen excesivamente densos y poco comprensibles, lo que se suele hacer es colocar en el interior del óvalo o círculo el nombre del atributo y omitir el nombre del dominio. En otros casos, se dibuja un pequeño círculo unido mediante una línea al rectángulo de la entidad, al lado del cual se escribe el nombre del atributo.

Podemos hablar de los siguientes tipos de atributos:

- Atributo identificador candidato (AIC): es aquel atributo o conjunto de atributos que permite identificar unívocamente cada ocurrencia de la entidad correspondiente. Por ejemplo, para la entidad *Libro* podría ser atributo identificador candidato el ISBN porque no existen dos libros con el mismo ISBN y, por tanto, el ISBN sirve para identificar sin equivocación posible a cada libro.

- Atributo identificador principal (AIP): es aquel atributo identificador candidato seleccionado para identificar a cada ocurrencia de la entidad. Si solo hay un AIC, ese es el único posible AIP. En nuestro ejemplo, el ISBN sería el AIP de la entidad *Libro*.

- Atributo identificador alternativo (AIA): es aquel atributo identificador candidato no elegido como atributo identificador principal.

Existen diferentes maneras de representar en un esquema E-R los atributos identificadores principales y candidatos:

- Cuando se representan los nombres de los atributos en el interior de un óvalo o círculo, los nombres de los AIP se subrayan con trazado continuo y los nombres de los AIA se subrayan con trazado discontinuo.

- Cuando se usa un pequeño círculo para cada atributo, el círculo se representa relleno de color negro para los AIP, y la mitad del círculo de color negro para los AIA.

A continuación se muestran, de dos maneras alternativas, un diagrama Entidad-Relación que representa los pedidos realizados a una empresa (identificados por su número) y los artículos solicitados en los mismos (identificados por su código). Se considera que el atributo *DesArt* (descripción de un artículo) es único y, por tanto, atributo identificador alternativo (AIA).

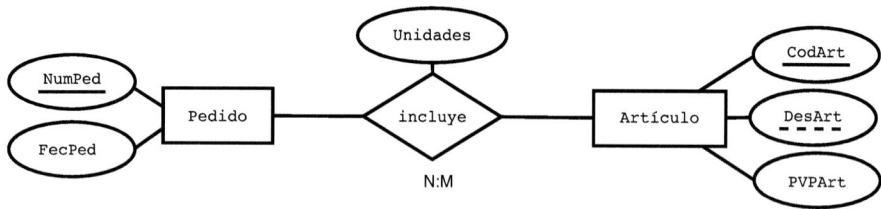

**Figura 3.11.** Representación de atributos.

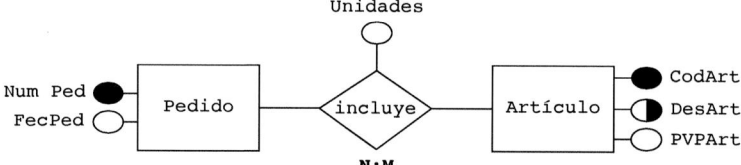

**Figura 3.12.** Representación de atributos alternativa.

## 3.3. Diagramas Entidad-Relación extendidos como elementos para resolver las carencias de los diagramas Entidad-Relación simples

Diversos autores han propuesto extensiones interesantes al modelo E-R básico propuesto por Peter Chen, dando lugar al modelo E-R extendido. Se estudian en este apartado las extensiones de mayor relevancia.

### 3.3.1. Cardinalidad de las relaciones

Las cardinalidades mínima y máxima de las entidades intervinientes en una relación se definen como el número mínimo y máximo de ocurrencias de una entidad que pueden estar relacionadas con una ocurrencia de la otra entidad. Las cardinalidades se representan por medio de las etiquetas (0,1), (1,1), (0,n) o (1,n) sobre la línea que une a cada entidad con el rombo que representa la relación. Cuando la cardinalidad es (0,n) o (1,n) se suele dibujar una punta de flecha sobre la línea que une a la relación con la entidad correspondiente. Además, cuando se indican cardinalidades, se pueden omitir los tipos de correspondencia, 1:1, 1:N o N:M, los cuales se pueden deducir fácilmente a partir de las cardinalidades. El tipo de correspondencia de una relación se puede determinar sencillamente tomando el número o letra correspondiente a la cardinalidad máxima existente a cada lado de la relación. Así, si en un lado las cardinalidades son (0,1), tomamos el 1; si en el otro lado, las cardinalidades son (1,n), tomamos la n; por tanto, el tipo de correspondencia será 1:N. Si en un lado las cardinalidades son (0,n) y en el otro, (1,n), el tipo de correspondencia, al tomar dos veces la n, será N:M.

En el ejemplo de la Figura 3.13, el (1,n) al lado de la entidad *Artículo* indica que un pedido incluye como mínimo un artículo (1) y como máximo muchos (n), mientras que el (0,n) al lado de la entidad *Pedido* significa que un artículo puede no estar incluido en ningún pedido (0) o puede estar incluido en varios (n).

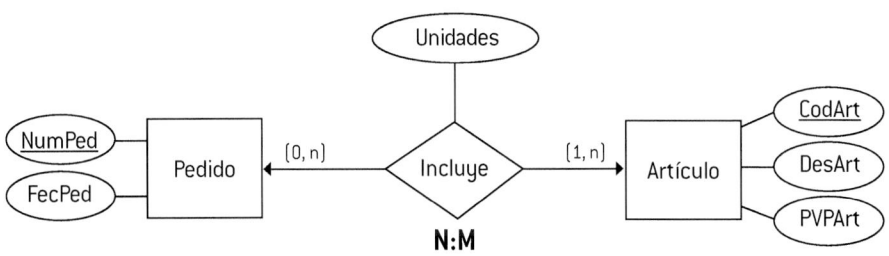

**Figura 3.13.** Representación de cardinalidades en una relación binaria N:M.

En el siguiente ejemplo, en el que hay una relación reflexiva, el (0,1) quiere decir que un empleado tiene 0 o un jefe. No tendrá ninguno si es el «jefe supremo de la empresa», es decir, si no tiene a nadie por encima en la jerarquía de empleados de la empresa; uno, en cualquier otro caso. Por su parte, el (0,n) quiere decir que un empleado puede tener 0 o muchos subordinados. No tendrá ningún subordinado si no es jefe en la empresa, y si lo es, puede tener muchos subordinados.

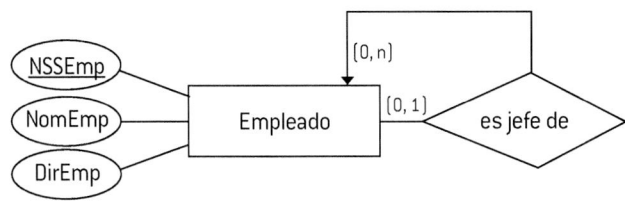

**Figura 3.14.** Representación de cardinalidades en una relación reflexiva 1:N.

En el siguiente ejemplo, un (0,n) significa que una pieza puede no descomponerse en otras o bien descomponerse en varias. No se descompondrá en ninguna si no es posible dividirla en piezas más pequeñas, es decir, si es indivisible. El otro (0,n) significa que una pieza puede ser componente o subordinada, como mínimo de ninguna (si no forma parte de ninguna otra pieza superior a ella) o, como máximo, de varias, en el caso de que esta pieza sea componente de varias piezas.

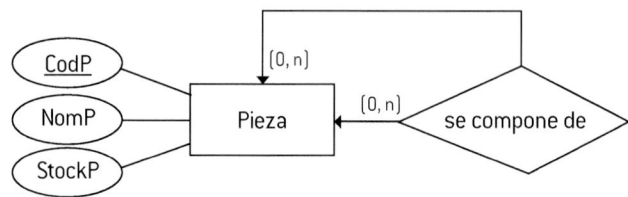

**Figura 3.15.** Representación de cardinalidades en una relación reflexiva N:M.

Para el caso concreto de las relaciones con grado mayor que 2 (relaciones ternarias, cuaternarias, etc.), las cardinalidades se obtienen de manera diferente. Consideremos la relación ternaria de la Figura 3.16 entre las entidades *Suministrador*, *Proyecto* y *Componente*. Esta relación nos indica los componentes que proporciona cada suministrador para cada proyecto que lleva a cabo una empresa. El cálculo de las cardinalidades se lleva a cabo considerando una ocurrencia de cada par de entidades y determinando con cuántas ocurrencias de la otra entidad puede estar relacionado ese par como mínimo y como máximo. Así, en la Figura 3.16:

- El (0,n) al lado de *Suministrador* quiere decir que para un proyecto en concreto un componente puede ser suministrado por ningún suministrador o por muchos.

- El (0,n) al lado de *Proyecto* indica que un suministrador un componente determinado puede que no lo suministre a ningún proyecto, a uno o incluso a muchos.

- El (0,n) al lado de *Componente* indica que un suministrador a un proyecto puede no proporcionarle ningún componente o muchos.

En el caso de las relaciones ternarias, las cardinalidades mínimas son casi siempre 0. Así, por ejemplo, la cardinalidad mínima al lado de *Suministrador* debe ser 0 porque no existirá suministrador para todas las posibles parejas de proyecto-componente existentes en la base de datos, pues un proyecto no requerirá el suministro de todos los componentes disponibles en la base de datos, sino solo de algunos, en cuyo caso sí se deberá disponer de algún suministrador.

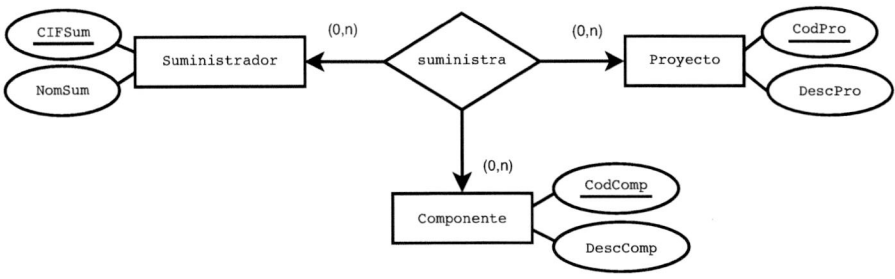

**Figura 3.16.** Representación de cardinalidades en una relación ternaria.

El tipo de correspondencia en el caso de las relaciones ternarias puede tomar uno de los siguientes valores:

- N:M:P, en caso de que las tres cardinalidades máximas sean n.

- N:M:1, en caso de que dos de las cardinalidades máximas sean n y la otra sea 1.

- N:1:1, en caso de que una de las cardinalidades máximas sea n y las dos otras sean 1.

- 1:1:1, en caso de que las tres cardinalidades máximas sean 1.

### 3.3.2. Entidades fuertes y débiles

Aunque hasta ahora solo hemos hablado de entidades como tal, puede haber dos tipos de ellas:

- Entidades regulares o fuertes son aquellas para las cuales las ocurrencias de la entidad tienen existencia propia. Una entidad regular se representa como se he hecho hasta ahora, es decir, mediante un rectángulo en el interior del cual se coloca el nombre de la entidad en cuestión.

- Entidades débiles son aquellas para las cuales la existencia de una ocurrencia de la entidad débil depende de la existencia de una ocurrencia de la entidad regular de la que depende, de manera que si desaparece una ocurrencia de la entidad regular, desaparecerán automáticamente todas las ocurrencias de la entidad débil dependientes. Por ejemplo, la entidad *Libro* es una entidad regular, mientras que la entidad *Ejemplar* (ejemplar de libro) es una entidad débil que depende de la entidad *Libro* porque la existencia de un ejemplar de un libro depende de que exista el libro correspondiente. Una entidad débil se representa mediante dos rectángulos concéntricos en el interior de los cuales se coloca el nombre de la entidad en cuestión. Por ejemplo, la entidad *Ejemplar* se representa así:

**Figura 3.17.** Representación gráfica de una entidad débil.

Por otro lado, las relaciones pueden ser de dos clases en función del tipo de entidades que asocian:

- Relaciones regulares: son aquellas que asocian entidades regulares.

- Relaciones débiles: son aquellas que asocian una entidad débil con la entidad regular de la que depende. De esto se puede deducir que una relación entre una entidad débil y una entidad regular, tal que la entidad regular no es aquella de la que depende la débil, se considera una relación regular.

Las relaciones débiles se representan frecuentemente por medio de dos rombos concéntricos, y la cardinalidad al lado de la entidad regular es siempre (1,1). Pues bien, estas relaciones débiles pueden ser de dos tipos:

- Dependencia en identificación: se da este tipo de dependencia cuando la identificación de las ocurrencias de la entidad débil no se puede llevar a cabo con sus propios atributos, sino que se requiere para ello del AIP de la entidad regular correspondiente. Por ejemplo, si suponemos que los números de ejemplar de cada libro son números correlativos comenzando por el 1, el número de ejemplar no es único a nivel de toda la base de datos porque para todos los libros existirá el ejemplar número 1. Sin embargo, será única la pareja de atributos ISBN y número de ejemplar. Por ello, para identificar cada ejemplar de un libro, se requiere el AIP del libro (ISBN) más un número de ejemplar (AIP de la propia entidad débil). Una dependencia en identificación se simboliza añadiendo las letras ID en el interior del doble rombo que representa la relación y por su propia definición, la cardinalidad al lado de la entidad regular siempre debe ser (1,1). De esto se deduce que las dependencias en identificación no pueden ser relaciones con tipo de correspondencia N:M, sino solo 1:N o 1:1, si bien este último caso es muy poco frecuente.

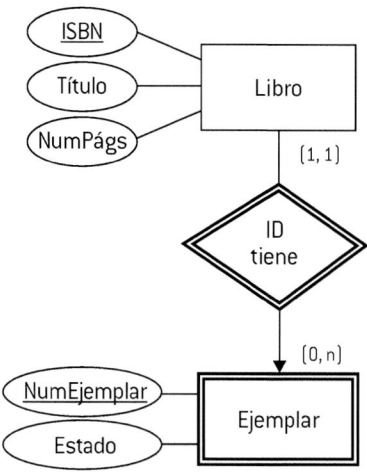

**Figura 3.18.** Dependencia en identificación.

- Dependencia en existencia: cuando una relación débil no es una dependencia en identificación, se trata de una dependencia en existencia, algo que es intrínseco a todas las relaciones débiles, puesto que las ocurrencias de la entidad débil solo pueden existir si existe la ocurrencia de la entidad regular de la que dependen. Por ejemplo, la entidad *Provincia* depende en existencia de la entidad *Comunidad* (comunidad autónoma), dado que los datos de una provincia solo tienen sentido si en la base de datos se almacenan los datos de la comunidad autónoma a la que pertenece la provincia, y los datos de la provincia solo se almacenarán en la base de datos mientras estén los de la comunidad autónoma correspondiente. Una dependencia en existencia se representa incluyendo la letra E en el interior del doble rombo que representa la relación.

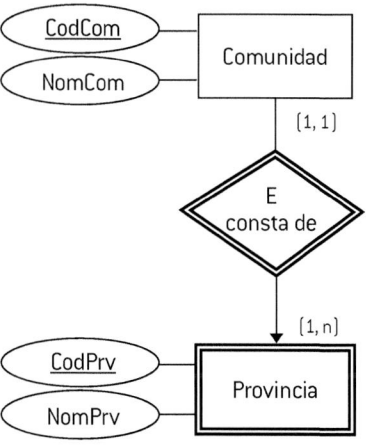

**Figura 3.19.** Dependencia en existencia.

### 3.3.3. Atributos en relaciones

Los atributos pueden pertenecer a las entidades, pero también a las relaciones. Es necesario asignar atributos a relaciones N:M en algunos casos, concretamente en aquellos en los que para cada par de ocurrencias de las entidades relacionadas es necesario registrar cierta información.

En el ejemplo de la Figura 3.13, por cada pedido realizado a la empresa y por cada artículo incluido en dicho pedido, será necesario registrar el número de unidades que se solicitan de ese artículo en ese pedido (atributo *Unidades*). Este atributo no podemos asignárselo a la entidad *Pedido* porque en un pedido se puede solicitar varios artículos y por cada uno de ellos se puede solicitar un número de unidades distinto, y un atributo para una ocurrencia de una entidad no puede tomar varios valores. Tampoco podríamos asignárselo a la entidad *Artículo* porque un artículo se puede solicitar en varios pedidos y en cada uno de estos pedidos se pueden solicitar diferentes cantidades de cada artículo. Por tanto, el atributo *Unidades* debe ser asignado a la relación *incluye*, porque nos indica el número de unidades que se solicita por cada pareja de pedido-artículo.

En el esquema Entidad-Relación que aparece en la Figura 3.15 también sería necesario añadir un atributo a la relación N:M presente si quisiésemos saber en cuántos componentes subordinados se descompone cada componente. Este atributo *Cantidad* nos indica por cada par componente superior-componente subordinado, de cuántas unidades de componente subordinado consta cada componente superior.

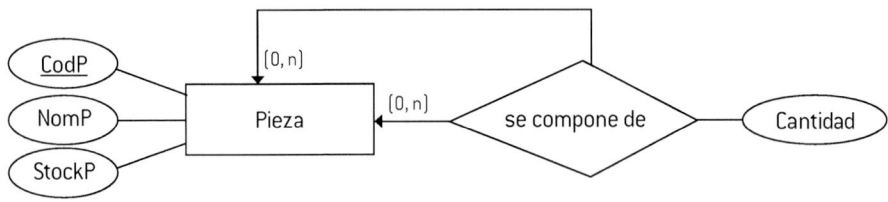

**Figura 3.20.** Relación N:M reflexiva con atributo.

También es posible asignar atributos a relaciones 1:1 o 1:N, pero en estos casos siempre es posible asignar el atributo también a alguna de las dos entidades participantes en la relación. Así, en el siguiente ejemplo el atributo *TiDir* (que indica el tipo de director de un departamento) se puede colocar en la relación *dirige*, pero también en la entidad *Departamento* porque todo departamento siempre tiene un director, del que es necesario conocer su tipo.

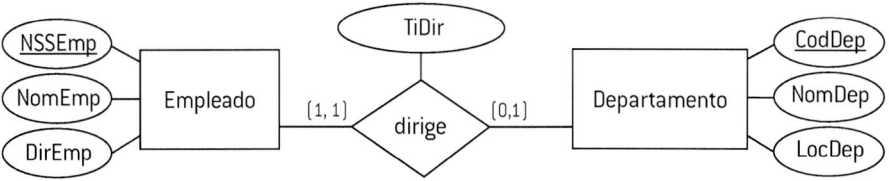

**Figura 3.21.** Relación 1:1 con atributo.

### 3.3.4. Herencia

En muchas ocasiones, al analizar un universo del discurso, se detectan entidades similares que difieren en pocos atributos. En estos casos, puede ser recomendable establecer una jerarquía de tipos y subtipos por la cual se generalicen las entidades con atributos comunes (subtipos) en una entidad supertipo, la cual poseerá dichos atributos comunes. De esta forma, la entidad supertipo poseerá los atributos comunes a los subtipos, quedando para los subtipos solo los atributos específicos de cada uno de ellos. De manera similar, en el caso de las relaciones, aquellas que afectan a todos los subtipos se asocian al supertipo, dejando para los subtipos las específicas de cada uno de ellos.

Por ejemplo, en la Figura 3.22 , se ha creado un supertipo para los atributos comunes a las entidades *Profesor* y *Estudiante* (*NIF*, *Nombre*, *Teléfono*, *Dirección*), dejando en cada subtipo los atributos propios.

Este tipo de relaciones se representa mediante un triángulo invertido que generalmente lleva la leyenda «es un» o «es una», con la base situada hacia el supertipo y unido al supertipo y a los subtipos, siendo las cardinalidades siempre (1,1) en el supertipo y (0,1) o (1,1) en los subtipos.

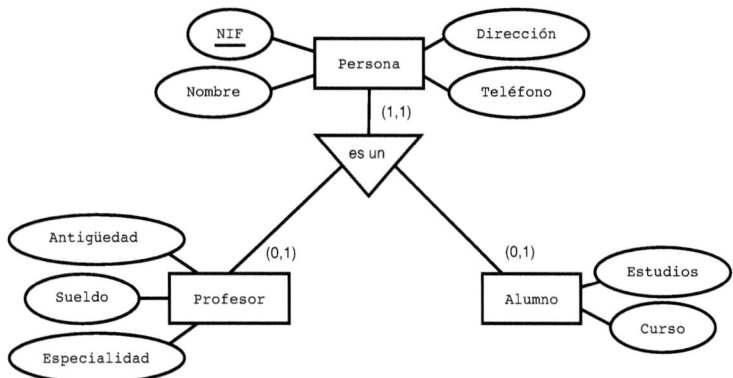

**Figura 3.22.** Jerarquía de tipos y subtipos.

Una característica muy importante de estas jerarquías es la herencia o propiedad por la cual los atributos del supertipo lo son también de los subtipos (son heredados por los subtipos). Así, tanto un profesor como un estudiante tienen

NIF, nombre, dirección y teléfono, que son atributos heredados de su supertipo *Persona*. Además, los profesores tienen una especialidad, una antigüedad y un sueldo, mientras que los estudiantes cursan unos estudios y están realizando un determinado curso.

Las generalizaciones pueden ser de diferentes tipos:

- Una generalización será total o completa si toda ocurrencia del supertipo se corresponde con al menos una ocurrencia de un subtipo o, lo que es lo mismo, si los subtipos reflejan todas las posibilidades, lo que significa en el caso del ejemplo propuesto, que todas las personas tienen que ser o profesores o estudiantes o ambas cosas a la vez. La generalización será parcial o incompleta si hay ocurrencias en el supertipo que no pertenecen a ninguno de los subtipos. En nuestro caso, la jerarquía sería parcial si pudiese haber personas que no son ni profesores ni estudiantes. Una jerarquía total se representa dibujando un círculo en la línea que une el triángulo con el supertipo.

- Una generalización es exclusiva si un supertipo solo puede pertenecer a un subtipo o a ninguno de los subtipos presentes. En este caso, esto quiere decir que una persona solo puede ser o profesor o estudiante o ninguna de las dos cosas. Una generalización es solapada o superpuesta si un supertipo puede pertenecer a varios subtipos a la vez. Una generalización exclusiva se representa dibujando un arco que abarca las líneas que unen al triángulo con los subtipos.

Por lo que se ha indicado anteriormente, si consideramos que una persona tiene que pertenecer obligatoriamente a uno de los subtipos (generalización total), deberemos señalar este hecho dibujando un círculo. Si además consideramos que una persona solo puede ser o profesor o estudiante, pero no ambas cosas a la vez (generalización exclusiva), deberemos dibujar un arco, por lo que el esquema E-R nos quedaría como se ve en la Figura 3.23.

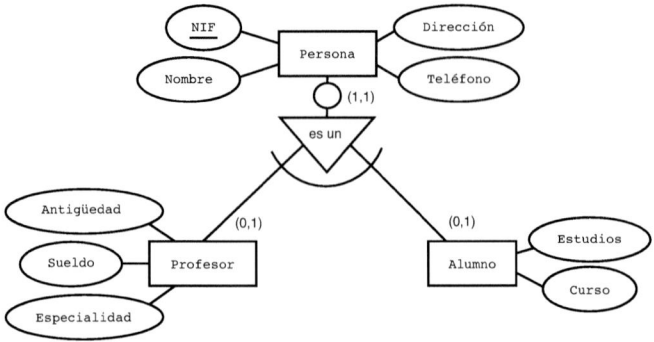

**Figura 3.23.** Jerarquía de tipos y subtipos total y exclusiva.

### 3.3.5. Agregación

El modelo Entidad-Relación básico no permite establecer relaciones entre relaciones, es decir, no permite, por ejemplo, establecer una relación entre una relación y una entidad. Para solventar esta limitación se inventó el concepto de agregación.

Una agregación es una abstracción que permite construir objetos compuestos a partir de objetos componentes. Permite combinar entidades entre las que existe una relación y formar una entidad de más alto nivel agrupando las entidades relacionadas y la relación en cuestión.

Aclarémoslo con un ejemplo: consideremos una relación N:M entre empleados y proyectos que nos indica qué empleados han trabajado en qué proyectos y cuántas horas ha dedicado cada empleado a cada proyecto (información que se almacena en un atributo de la relación). Necesitamos también conocer en ese trabajo desarrollado por ese empleado en cada proyecto qué herramientas ha empleado. Para conseguir esto tendríamos que establecer una relación entre la relación *trabaja* que relaciona *Empleado* con *Proyecto* y la relación *utiliza* que interrelaciona a la relación *trabaja* con la entidad *Herramienta*. Dos maneras de representar la agregación que se genera en este caso son las siguientes:

- Englobar las entidades *Empleado*, *Proyecto* y la relación *trabaja* en un rectángulo como si se tratase de una entidad que agrupa los elementos indicados. De esta manera ya es posible relacionar la nueva entidad generada con la relación *utiliza*.

- Asignar a la relación *trabaja* un nuevo tipo de entidad llamada entidad compuesta, que se representa mediante un cuadrado o un rectángulo (símbolo de entidad) con un rombo en su interior, como se muestra en la Figura 3.24.

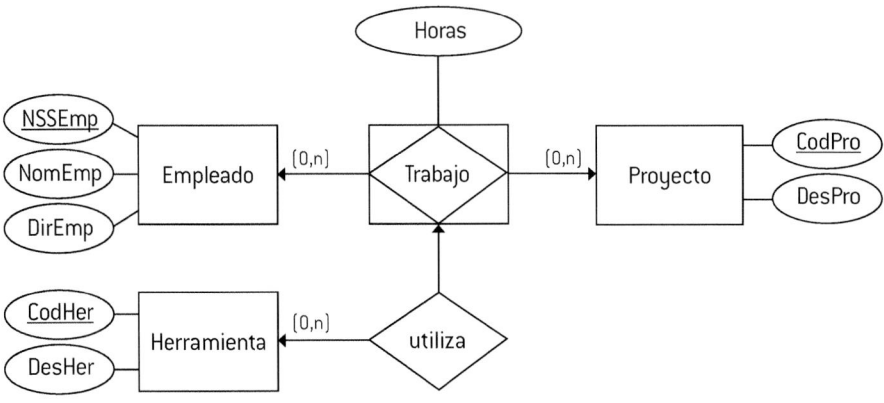

**Figura 3.24.** Representación de agregación.

## 3.4. Diseño lógico a partir de diagramas Entidad-Relación

En este apartado se va a presentar una de las maneras en que se puede llegar a obtener el esquema lógico relacional de una base de datos. Concretamente vamos a tratar la manera en que se puede pasar de un esquema E-R a un esquema relacional. Ya se estudió en el Capítulo 2 la manera de llegar a conseguir un esquema relacional aplicando la teoría de la normalización. Aquí se trata de aprender otra manera de obtener un esquema lógico partiendo de un diagrama Entidad-Relación.

En este apartado vamos a ver, por tanto, las reglas que permiten transformar un esquema Entidad-Relación en un esquema relacional. En primer lugar, estudiaremos las reglas de transformación correspondientes al modelo E-R básico, y a continuación, las relacionadas con el modelo extendido.

En numerosos ejemplos del presente apartado haremos referencia al siguiente diagrama E-R:

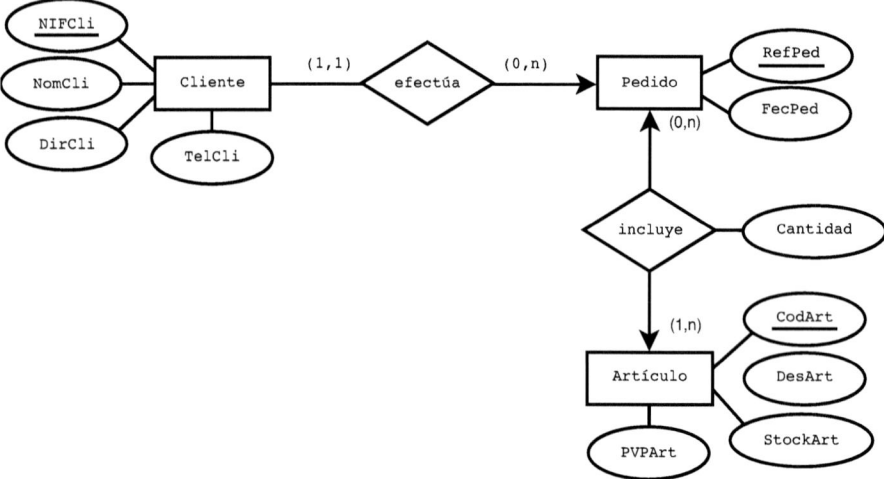

**Figura 3.25.** Esquema E-R de ejemplo.

### 3.4.1. Reglas concernientes al modelo E-R básico

Se exponen, a continuación, las reglas de transformación correspondientes al modelo E-R básico.

#### 3.4.1.1. Transformación de entidades

Cada entidad del esquema E-R da lugar a una relación en el esquema relacional. Así, cada una de las entidades de la Figura 3.25 dará lugar a la correspondiente relación o tabla.

### 3.4.1.2. Transformación de atributos

Cada atributo asociado a una entidad en el esquema E-R se convierte en un atributo de la relación correspondiente en el esquema relacional.

Los atributos identificadores principales pasan a formar parte de la clave primaria de la relación correspondiente y deberán llevar asociada la restricción PRIMARY KEY. En casi todos los SGBD relacionales comerciales actuales no es necesario especificar para estos atributos la restricción NOT NULL, ya que los atributos que forman parte de la clave primaria nunca pueden tomar valor nulo por la regla de integridad de la entidad.

Así, para el esquema E-R de la Figura 3.25, tendremos en el modelo relacional las siguientes tres relaciones con los atributos indicados:

> Cliente (<u>NIFCli</u>, NomCli, DirCli, TelCli)
>
> Pedido (<u>RefPed</u>, FecPed)
>
> Artículo (<u>CodArt</u>, DesArt, StockArt, PVPArt)

En cuanto a los atributos identificadores alternativos, deberán llevar asociada la restricción UNIQUE y en la mayoría de los casos será necesaria también la restricción NOT NULL, que indica que dichos atributos son obligatorios. Esta última restricción también será de aplicación a los atributos obligatorios que no sean clave candidata.

### 3.4.1.3. Transformación de interrelaciones binarias y reflexivas

La transformación se realiza de una u otra forma dependiendo del tipo de correspondencia de la interrelación.

### 3.4.1.3.1. Interrelaciones N:M

Toda interrelación N:M se transforma en una relación o tabla que tendrá dos claves ajenas apuntando a cada una de las claves primarias correspondientes a los atributos identificadores principales de las entidades. La clave primaria de la nueva relación consta de la concatenación de las claves ajenas. Si la relación N:M tiene atributos, dichos atributos también pasarán a formar parte de la nueva tabla creada.

Para las claves ajenas será necesario también indicar el efecto que tendrán las modificaciones y borrados sobre tuplas de la relación que contiene la clave referenciada.

Por ejemplo, la relación *incluye* de la Figura 3.25 originará la creación de una nueva tabla que tendrá como atributos las claves primarias de las tablas *Pedido* y *Artículo* (*RefPed* y *CodArt*, respectivamente) y el atributo de la relación (*Cantidad*). La clave de la nueva tabla estará formada por la concatenación de las claves ajenas (*RefPed* y *CodArt*).

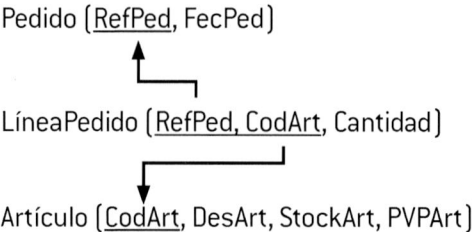

Pedido (RefPed, FecPed)

LíneaPedido (RefPed, CodArt, Cantidad)

Artículo (CodArt, DesArt, StockArt, PVPArt)

En el caso de que la relación N:M sea reflexiva, se procederá de igual manera, creando una nueva tabla con dos claves ajenas, cada una de las cuales apuntará a la clave primaria de la entidad que se relaciona consigo mismo. Por ejemplo, el siguiente esquema E-R refleja el hecho de que un tema se puede descomponer en varios subtemas y un subtema puede estar contenido en varios temas.

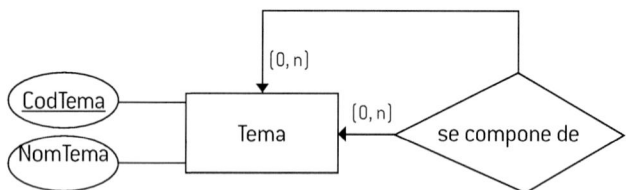

**Figura 3.26.** Esquema E-R con relación reflexiva N:M.

Se crea una nueva relación con dos claves ajenas, una para el código del tema y otra para el código del subtema o tema subordinado.

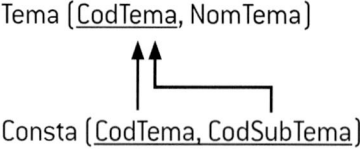

Tema (CodTema, NomTema)

Consta (CodTema, CodSubTema)

### 3.4.1.3.2. Interrelaciones 1:N

Las interrelaciones con tipo de correspondencia 1:N se pueden representar en el modelo relacional empleando dos métodos alternativos:

- Añadiendo en la tabla correspondiente a la parte N una clave ajena a la clave primaria de la tabla correspondiente a la parte 1, método que se emplea en la mayoría de los casos. Para diferenciar la obligatoriedad o no de la relación se empleará la siguiente técnica:

— Si la interrelación tiene una cardinalidad (1,1) en el extremo correspondiente a la parte 1, la clave ajena que se crea es obligatoria, y, por tanto, los atributos que la componen se declararán con la restricción NOT NULL.

— En caso de que la cardinalidad sea (0,1), se permitirá que los atributos que componen la clave ajena tomen valor nulo.

Por ejemplo, la relación *efectúa* del esquema E-R de la Figura 3.25 se plasmará en el esquema relacional mediante la aparición de una clave ajena en la relación *Pedido*, que será el NIF del cliente que lo ha realizado. Además, este atributo será obligatorio, es decir, deberá ir definido con la restricción NOT NULL debido a que, como indica la cardinalidad (1,1), todo pedido es realizado por un cliente. El esquema relacional quedará como sigue:

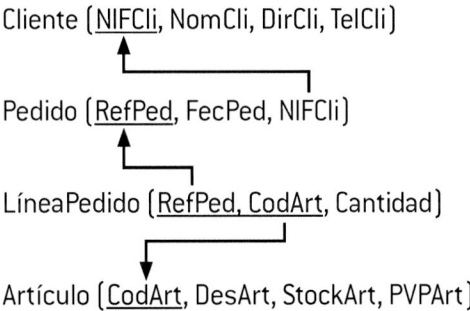

Cliente (<u>NIFCli</u>, NomCli, DirCli, TelCli)

Pedido (<u>RefPed</u>, FecPed, NIFCli)

LíneaPedido (<u>RefPed, CodArt</u>, Cantidad)

Artículo (<u>CodArt</u>, DesArt, StockArt, PVPArt)

Si la interrelación tiene atributos propios y se considera poco importante la pérdida de semántica que supone el que estos sean asignados a otra entidad, estos también serían propagados junto con la clave ajena.

• Aplicando el mismo tratamiento que para las relaciones N:M, es decir, creando una nueva tabla. Este procedimiento es menos habitual y sería de aplicación solo en los siguientes casos:

— Cuando la cardinalidad en la parte 1 es (0,1) y además se sabe que en muchos casos el atributo que se convertiría en clave ajena si aplicásemos el primer método, va a tomar valor nulo.

— Cuando la relación posee atributos propios y se quiere mantener la semántica original.

— Cuando se prevé la posibilidad de que en el futuro la relación pueda convertirse en una con tipo de correspondencia N:M.

Por ejemplo, dado el siguiente diagrama E-R, sería conveniente emplear este segundo método si se sabe que muchos clientes no poseen representante o si queremos mantener la semántica original conservando el atributo *CompraAnual* como parte de la relación entre *Cliente* y *Representante*.

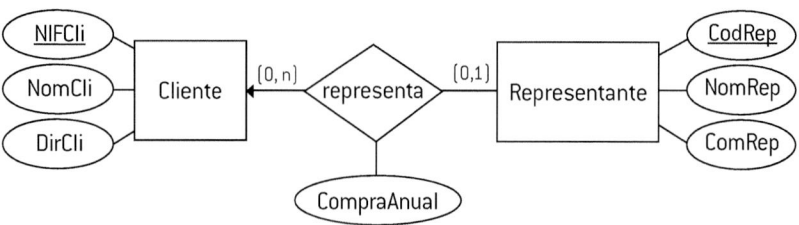

**Figura 3.27.** Esquema E-R con relación 1:N.

La clave primaria de la nueva tabla estará formada por el atributo identificador principal de la entidad correspondiente al lado N.

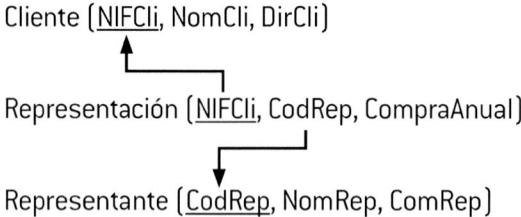

Cliente (<u>NIFCli</u>, NomCli, DirCli)

Representación (<u>NIFCli</u>, CodRep, CompraAnual)

Representante (<u>CodRep</u>, NomRep, ComRep)

En el caso de las relaciones reflexivas, se suele emplear el primer método, lo que conlleva la aparición en la relación correspondiente a la entidad que se relaciona consigo mismo, de una clave ajena que apunta a la clave primaria de la misma relación.

En la Figura 3.28 se muestra un esquema relacional que refleja el hecho de que todo alumno tiene un delegado y que un alumno es delegado de ninguno, uno o de varios alumnos. Se trata de una relación reflexiva, que originará que en la relación *Alumno* aparezca como clave ajena el número de matrícula del alumno delegado.

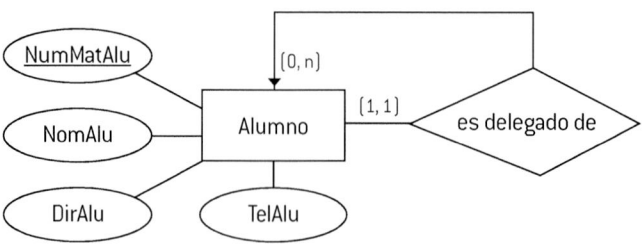

**Figura 3.28.** Esquema E-R con relación 1:N reflexiva.

Alumno (<u>NumMatAlu</u>, NomAlu, DirAlu, TelAlu, NumMatDel)

### 3.4.1.3.3. Interrelaciones 1:1

Las interrelaciones con tipo de correspondencia 1:1 se pueden considerar un caso particular de las relaciones 1:N o bien de las relaciones N:M y se pueden transformar al modelo relacional empleando los dos métodos ya estudiados (propagación de clave o creación de una nueva tabla). Habrá que escoger uno u otro método en función de las cardinalidades:

- Si para las dos entidades las cardinalidades son (0,1), es decir, si la interrelación no es obligatoria en ninguno de los dos sentidos, y se piensa que no va a haber muchas tuplas relacionadas, lo más adecuado es crear una nueva tabla con dos claves ajenas, una por cada una de las entidades relacionadas. La nueva tabla tendrá como clave primaria el AIP de una de las dos entidades relacionadas. Así, dado el siguiente diagrama E-R, si sabemos que no se almacenan en la base de datos muchas parejas, la manera adecuada de pasar al modelo relacional es la que se muestra:

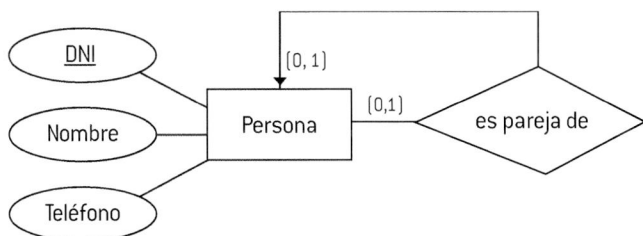

**Figura 3.29.** Esquema E-R con relación 1:1 opcional en los dos sentidos.

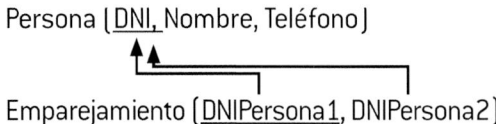

- Si para una de las entidades la cardinalidad es (1,1) y para la otra es (0,1), la mejor alternativa es propagar la clave de la entidad con cardinalidad (1,1) a aquella con cardinalidad (0,1). Así, dado el siguiente diagrama E-R, la mejor solución es propagar la clave de la tabla *Empleado (CodEmp)* a la tabla *Departamento,* ya que todo departamento tiene un empleado que lo dirige, pero no todos los empleados dirigen un departamento. De esta manera minimizamos la aparición de valores nulos en la clave ajena.

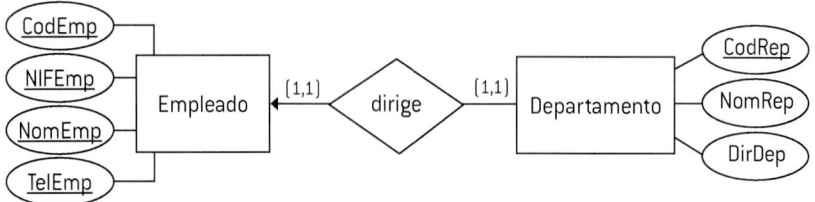

**Figura 3.30.** Esquema E-R con relación 1:1 opcional en un sentido.

Empleado (<u>CodEmp</u>, <u>NIFEmp</u>, NomEmp, TelEmp)

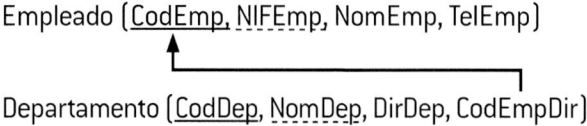

Departamento (<u>CodDep</u>, <u>NomDep</u>, DirDep, CodEmpDir)

- Si la interrelación es obligatoria en los dos sentidos, es decir, si las dos cardinalidades son (1,1), entonces se puede propagar la clave en cualquiera de los dos sentidos. Así, dado el siguiente esquema E-R, hay las dos posibles soluciones que se indican:

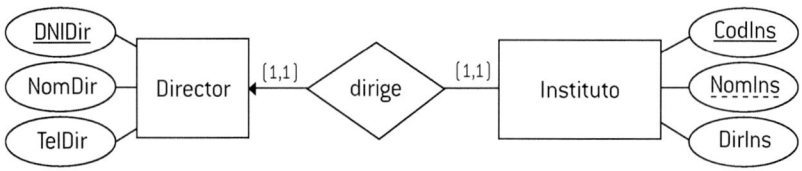

**Figura 3.31.** Esquema E-R con relación 1:1 obligatoria en los dos sentidos.

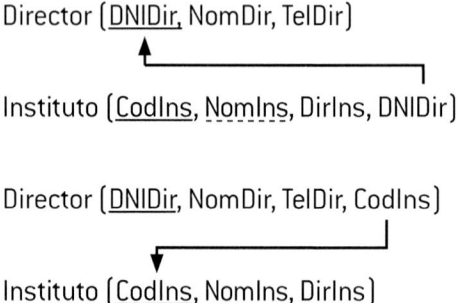

Director (<u>DNIDir</u>, NomDir, TelDir)

Instituto (<u>CodIns</u>, <u>NomIns</u>, DirIns, DNIDir)

Director (<u>DNIDir</u>, NomDir, TelDir, CodIns)

Instituto (<u>CodIns</u>, <u>NomIns</u>, DirIns)

### 3.4.1.3.4. Transformación de interrelaciones de grado superior a dos

Las relaciones ternarias originan la aparición de una nueva tabla que contendrá, además de los atributos propios de la relación, tres claves ajenas apuntando a las claves primarias de las tablas correspondientes a las entidades relacionadas. La clave primaria de la nueva relación surgida estará formada por unas claves ajenas u otras en función del tipo de correspondencia de la relación ternaria:

- Si el tipo de correspondencia es N:M:P (tres cardinalidades máximas con valor n) o N:M:1 (dos cardinalidades máximas con valor n), la clave primaria de la nueva tabla estará formada por la concatenación de las claves ajenas correspondientes a las entidades que participan en la relación con cardinalidad máxima n.

- Si el tipo de correspondencia es N:1:1 (una cardinalidad máxima con valor n), la clave primaria de la nueva tabla estará formada por la clave ajena correspondiente a la entidad con cardinalidad N y otra clave ajena correspondiente a una entidad con cardinalidad 1.

- Si el tipo de correspondencia es 1:1:1 (tres cardinalidades máximas con valor 1), la clave primaria de la nueva tabla estará formada por dos claves ajenas correspondientes a dos cualesquiera de las entidades.

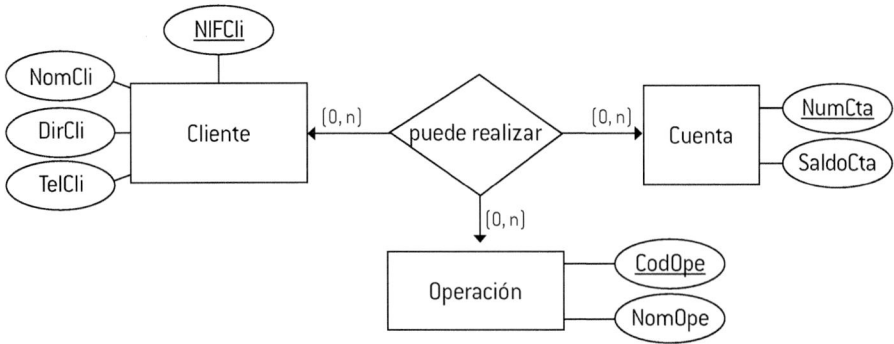

**Figura 3.32.** Esquema E-R con relación ternaria M:N:P.

Cada una de las tres entidades se transformará en una tabla en el modelo relacional y se creará una nueva tabla con tres claves ajenas que apuntan a las claves primarias de las tres entidades relacionadas (*NIFCli*, *NumCta* y *CodOpe*), estando la clave primaria de la nueva relación formada por la concatenación de las tres claves ajenas porque las tres participan en la relación con cardinalidad N.

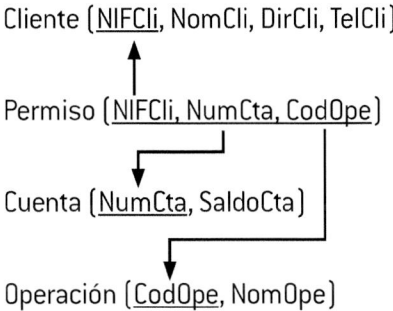

### 3.4.2. Reglas concernientes al modelo E-R extendido

Se exponen, a continuación, las reglas de transformación correspondientes al modelo E-R extendido.

#### 3.4.2.1. Transformación de dependencias en existencia y en identificación

Las dependencias en existencia son relaciones entre una entidad débil y la entidad regular de la que depende, en las que la entidad débil tiene un AIP que la identifica completamente. La relación se transforma al modelo relacional según las normas explicadas hasta ahora dependiendo de si la relación tiene tipo de correspondencia 1:1, 1:N o N:M. En este caso, para la clave ajena creada, por motivos obvios, se deben establecer borrados y modificaciones en cascada, al igual que en el caso de las dependencias en identificación.

Las dependencias en identificación son relaciones débiles con tipo de correspondencia 1:1 o 1:N, pero en este caso para identificar a cada ocurrencia de la entidad débil se requiere, además del AIP de la entidad débil, el AIP de la entidad regular de la que depende. Por ello, además de propagar el AIP de la entidad regular a la entidad débil como clave ajena, este atributo propagado también pasa a formar parte de la clave primaria de la tabla correspondiente a la entidad débil.

Dado el siguiente esquema E-R:

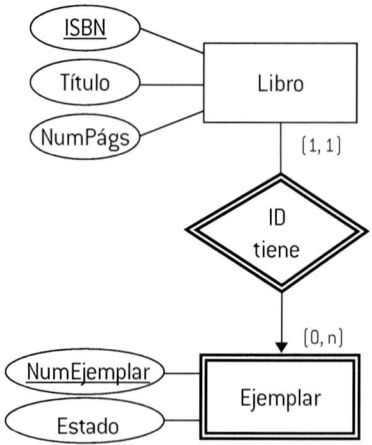

**Figura 3.33.** Esquema E-R con una dependencia en identificación.

El esquema relacional será el siguiente:

Libro (<u>ISBN</u>, Título, NumPags)

Ejemplar (<u>ISBN, NumEjemplar</u>, Estado)

94

### 3.4.2.2. Transformación de jerarquías de tipos y subtipos

En un diagrama E-R formado por una entidad supertipo y varios subtipos se pueden proporcionar varias soluciones de transformación al modelo relacional. Cuatro posibles soluciones son las siguientes:

- Opción A: englobar todos los atributos de la entidad supertipo y sus subtipos en una sola relación. Esta solución es recomendable únicamente cuando se dan las siguientes condiciones:

  1. Los subtipos se diferencian entre sí en muy pocos atributos.

  2. Las interrelaciones que asocian a los distintos subtipos con el resto de las entidades del esquema se pueden unificar para todos los subtipos, es decir, los subtipos no tienen relaciones propias.

  3. La jerarquía es total o casi total, es decir, una ocurrencia del supertipo está acompañada en la mayoría de los casos de al menos una ocurrencia de un subtipo.

  En lo que se refiere a las prestaciones, esta opción es la que ofrece más velocidad en el acceso a los datos de un objeto, ya que no es preciso efectuar combinaciones para la recuperación de la información.

- Opción B: crear una relación para el supertipo y una que englobe todos los subtipos. De esta forma, se crearía una única relación que englobaría los atributos de todas las entidades subtipo y cuya clave primaria sería la misma clave primaria de la entidad supertipo, por lo que actuaría también como clave ajena. Esta opción es recomendable cuando se cumplen las dos primeras condiciones indicadas en la opción anterior. En efecto, cuando la jerarquía no es total, será recomendable separar al menos en dos tablas la entidad supertipo y el conjunto de las subtipo, pues no hacerlo así implicaría la presencia de valores nulos en los casos de ocurrencia del supertipo sin ocurrencia de ningún subtipo. En cualquier caso, esta solución no incorpora aumentos significativos de eficiencia respecto a la que se presenta a continuación, ya que para acceder a todos los atributos de un objeto se va a requerir siempre la consulta de dos tablas. Desde el punto de vista del mantenimiento de la semántica original, tampoco se trata de una solución demasiado buena.

- Opción C: crear una relación para el supertipo y una para cada subtipo. Esta es la solución adecuada cuando no se cumple casi ninguna o ninguna de las condiciones indicadas en la primera solución y, en general, es la más flexible, la que permite recoger más semántica y la más respetuosa con el modelo conceptual original. En lo que se refiere a prestaciones, esta opción ofrece menos velocidad que la primera en el acceso a los datos de un objeto, puesto que para la recuperación de la información es preciso componer varias tablas. Asimismo, es la que más espacio ocupa, ya que tener n atributos en una única tabla siempre ocupa menos que tenerlos repartidos entre n tablas diferentes.

- Opción D: crear una relación por cada subtipo que contenga además de los atributos propios de cada subtipo los atributos comunes (los del supertipo). Esta solución es adecuada cuando se dan las mismas condiciones que en el caso anterior (muchos atributos distintos y relaciones propias de los subtipos) y los accesos realizados sobre los datos de los distintos subtipos afectan casi siempre a atributos comunes.

Dado el siguiente diagrama E-R:

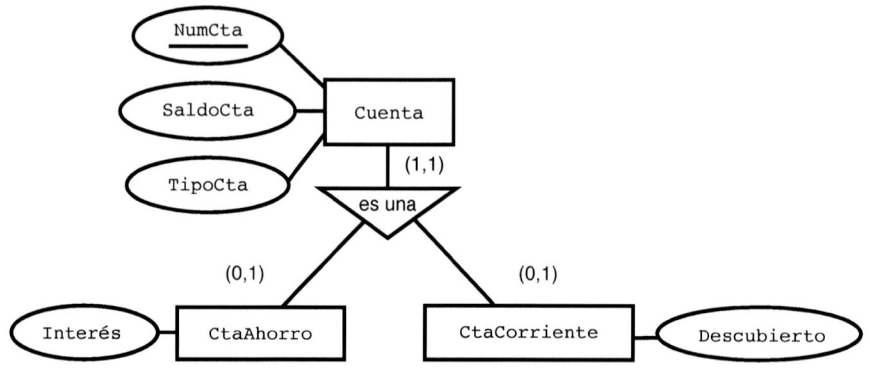

**Figura 3.34.** Esquema E-R con una jerarquía de tipos y subtipos.

las diferentes opciones de paso al modelo relacional serían las siguientes:

Opción A. Cuenta (NumCta, SaldoCta, TipoCta, Interés, Descubierto)

Opción B. Cuenta (NumCta, SaldoCta, TipoCta)

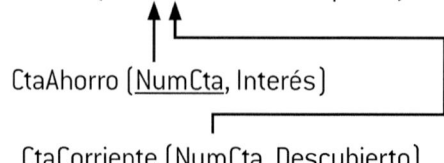

DatosCuenta (NumCta, Interés, Descubierto)

Opción C. Cuenta (NumCta, SaldoCta, TipoCta)

CtaAhorro (NumCta, Interés)

CtaCorriente (NumCta, Descubierto)

Opción D. CtaAhorro (NumCta, SaldoCta, Interés)
CtaCorriente (NumCta, SaldoCta, Descubierto)

### 3.4.2.3. Transformación de agregaciones

Las agregaciones se consideran como entidades a la hora de realizar la transformación del diagrama E-R al esquema relacional.

Consideremos el ejemplo de la Figura 3.24. El esquema relacional resultante sería el siguiente, donde la agregación *Trabajo* ha dado lugar a una nueva tabla (como relación N:M que es) y la relación N:M establecida entre *Trabajo* y *Herramienta* ha generado, como es obvio, también una nueva tabla *Utiliza*, en la que aparece una clave ajena formada por dos atributos, lo que está motivado por el hecho de que la clave primaria de *Trabajo* consta de dos atributos.

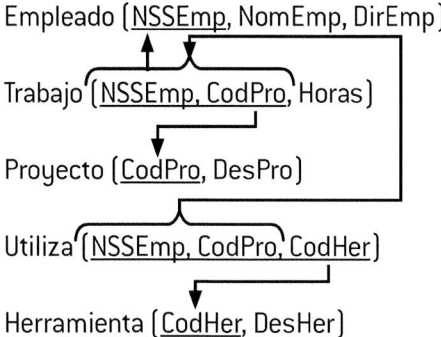

## 3.5. Desarrollo de diversos supuestos prácticos de modelización mediante diagramas Entidad-Relación

En el apartado de ejercicios resueltos para el Capítulo 3 se proponen diversos supuestos prácticos de modelización mediante diagramas Entidad-Relación, a los que se remite el lector. En estos supuestos además se ha transformado cada diagrama Entidad-Relación en el correspondiente esquema relacional o conjunto de tablas de acuerdo con las normas expuestas en el Apartado 3.4 del presente capítulo. Se podrán encontrar más supuestos en el apartado dedicado a ejercicios propuestos.

# 4. Modelo orientado a objeto

# Contenido

## 4.1. Contextualización del modelo orientado a objeto dentro del modelado UML

El modelo orientado a objeto surgió como parte de las metodologías de análisis y diseño orientado a objetos, que comenzaron su andadura durante los años 80 del siglo pasado. A partir del año 1996 se integraron varios de los métodos de análisis y diseño orientado a objetos, dando lugar a la aparición del Lenguaje de Modelado Unificado (UML), cuya última versión es la 2.4.1, que data del año 2011. UML establece las normas que se deben seguir a la hora de elaborar distintos tipos de diagramas, entre ellos, los diagramas de clases, que son los que se obtienen cuando se realiza diseño de bases de datos empleando el modelo orientado a objetos.

Las metodologías de análisis y diseño orientado a objetos engloban la totalidad de las fases que es necesario llevar a cabo para el desarrollo de aplicaciones informáticas (análisis, diseño, programación, pruebas y mantenimiento), siguiendo una nueva filosofía que inició su implantación en la década de los 80 del siglo pasado. Hasta entonces el desarrollo de *software* se había llevado a cabo desde una perspectiva diferente, la que se conoce como desarrollo estructurado.

En las metodologías estructuradas una aplicación informática se concibe compuesta por diversos componentes de *software* llamados generalmente módulos. Un módulo realiza determinadas tareas de procesamiento, para lo que requiere utilizar determinados datos. Una aplicación informática está compuesta por diversos módulos que realizan pequeñas tareas. Los módulos se combinan entre sí realizándose llamadas de unos a otros. En estas llamadas los módulos se pasan datos (llamados parámetros) y a veces devuelven resultados. La arquitectura de una aplicación informática consta de un módulo de control principal que llama a varios módulos subordinados. Estos módulos llaman a otros y así sucesivamente. La arquitectura de un programa se puede representar mediante lo que se llama un diagrama de estructuras, en el que cada rectángulo representa un módulo y las flechas que unen los módulos representan llamadas del módulo del que parte la flecha al módulo al que le llega. En el siguiente diagrama de estructuras el módulo de control principal se llama A y llama a los módulos subordinados B y C; a su vez, B llama al D y al E, y el C llama al F.

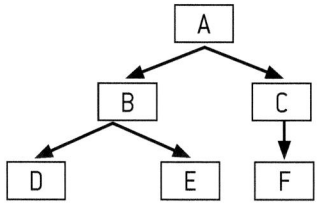

**Figura 4.1.** Diagrama de estructuras.

En las metodologías estructuradas se fija la atención en los procesos o tareas que es necesario llevar a cabo para resolver un determinado problema y se distribuyen estos procesos o tareas en módulos que las realizan. Para llevar a cabo estos procesos es necesario que los módulos manipulen ciertos datos. Los datos que se tienen que almacenar de manera permanente se almacenan en una base de datos, sobre la que los diferentes módulos realizan operaciones de consulta, inserción, modificación y/o borrado.

La filosofía orientada a objetos, que surgió más tarde, supuso en cierto modo un cambio de paradigma. Se pasó de centrar la atención en los procesos para prestar mayor atención a los datos sobre los que es necesario operar. En las metodologías orientadas a objetos se considera que una aplicación informática está constituida por diversos objetos que interactúan entre sí. Un objeto es una instancia de una clase y una clase está constituida por una serie de datos y un conjunto de operaciones que se aplican sobre dichos datos. Los datos de una clase reciben el nombre de atributos y las operaciones que se aplican sobre esos datos se llaman métodos. La ejecución de la totalidad de las tareas encomendadas a un programa se logra mediante la participación cooperativa de los objetos de que consta la aplicación. Si en las metodologías estructuradas esta participación cooperativa se conseguía mediante las llamadas de unos módulos a otros, en el paradigma orientado a objetos, se consigue mediante el envío de mensajes. Se puede definir un mensaje como una solicitud enviada desde un método de un objeto para que otro objeto o él mismo ejecute otro método.

Siguiendo la filosofía orientada a objetos, para el desarrollo de una aplicación informática es preciso elaborar distintos diagramas. De entre estos diagramas, los que nos interesan aquí son los diagramas de clases, que trataremos a lo largo del presente tema. Pero en las metodologías orientadas a objetos también se deben construir otros tipos de diagramas, que son los siguientes:

- Diagramas de objetos.
- Diagramas de casos de uso.
- Diagramas de secuencia.
- Diagramas de colaboración.
- Diagramas de actividad.
- Diagramas de estados.
- Diagramas de distribución.
- Diagramas de componentes.

## 4.2. Modelo de datos orientado a objetos

El modelo de datos orientado a objetos se puede considerar en cierto modo una ampliación del modelo Entidad-Relación. Para explicar este modelo de datos es preciso conocer previamente diversos conceptos, que se exponen en el siguiente apartado.

### 4.2.1. Conceptos de objeto, clase, método y mensaje

Como se ha indicado antes, una aplicación en la metodología orientada a objetos consigue sus objetivos por medio de la interacción entre diferentes objetos. Un objeto se puede definir como una entidad tangible que presenta un comportamiento bien definido. Un objeto se puede considerar como análogo a una ocurrencia de una entidad en el modelo Entidad-Relación.

Existen una serie de características que definen a un objeto:

- Su estado: el estado de un objeto viene determinado por el conjunto de propiedades o atributos que tiene el objeto y los valores que toman estos en cada momento. En el sistema de gestión de una biblioteca un objeto puede ser un libro en concreto y su estado puede venir definido por los atributos código, ISBN, título, editorial, número de páginas y situación de prestado o no, junto con los valores que toma cada uno de estos atributos para ese libro en concreto, por ejemplo, código A087, título *Bases de datos relacionales*, ISBN 1234567890123, editorial Paraninfo, con 140 páginas y situación de prestado «falso».

- Su comportamiento: el comportamiento de un objeto viene dado por la manera en que actúa al recibir un mensaje por parte de otro objeto, cambiando su estado posiblemente. Un mensaje es una solicitud de un objeto para que realice una operación con un determinado propósito. Por ejemplo, un objeto libro podría recibir un mensaje solicitando que dicho libro sea prestado, operación que modificaría su situación de prestado a «verdadero».

Un objeto es una instancia de una clase, o lo que es lo mismo, una clase está formada por un conjunto de objetos que poseen la misma estructura y el mismo comportamiento. Por ejemplo, la clase *Libro* representa cualquier libro de la biblioteca, siendo un objeto cada uno de los ejemplares de libros disponibles en la biblioteca.

Una clase tiene una serie de atributos y una serie de métodos, comunes a todos los objetos de la clase:

- Los atributos son las propiedades que posee una clase, concepto similar al de atributo de los diagramas Entidad-Relación. Así, la clase *Libro* puede tener los atributos código, ISBN, título, editorial y prestado. Cada atributo tendrá su nombre, un tipo de dato (numérico, cadena de caracteres, etc.) y, posiblemente, un valor por defecto.

- Los métodos son las operaciones que se pueden llevar a cabo sobre los objetos de la clase y definen el comportamiento de la clase. Se puede hablar de distintos métodos, como:

  — Constructores: son invocados para crear objetos de la clase.

  — Destructores: son invocados para destruir objetos de la clase.

  — De acceso (*getters*): acceden a los valores de los atributos, recuperando su valor.

  — Mutadores o de actualización (*setters*): cambian el estado o el valor de un atributo.

## 4.2.2. Representación de clases en UML

Las clases en los diagramas de clases siguiendo la notación UML se representan dentro de un rectángulo con tres secciones. En la sección superior se escribe el nombre de la clase. La sección central corresponde a los atributos de la clase. Sobre los atributos se puede mostrar más o menos información:

- Una opción es indicar por cada atributo únicamente su nombre.

- Otra opción es indicar además del nombre del atributo, su visibilidad, el tipo de dato del atributo y su valor por defecto, en caso de que lo tenga.

  — El tipo de dato de un atributo puede ser: numérico entero (*integer*), carácter (*char*), numérico real (*float*), cadena de caracteres (*string*), booleano (*boolean*), etc.

  — La visibilidad de un atributo hace referencia a la parte de la aplicación en la que ese atributo es visible. La visibilidad puede tomar los siguientes valores:

    - Público: el atributo es visible en toda la aplicación. Se suele representar con el símbolo + delante del nombre del atributo.

    - Privado: el atributo es visible únicamente en la propia clase. Se suele representar con el símbolo − delante del nombre del atributo.

    - Protegido: el atributo es visible para la propia clase y sus subclases. Se suele representar con el símbolo # delante del nombre del atributo.

Normalmente, si no se indica nada, se supone que los atributos son privados.

— El valor por defecto hace referencia al valor que toma el atributo si no se indica lo contrario. Este valor se deberá especificar después del tipo del atributo y el símbolo =.

Toda esta información se expresaría así:

visibilidad NombreAtributo : TipoDato = ValorPorDefecto

En la sección inferior se especificarán los métodos correspondientes a la clase. Sobre estos se suele mostrar la siguiente información:

- El nombre del método.

- La visibilidad del método, que puede tomar los mismos valores que la visibilidad de los atributos. El símbolo correspondiente se antepone al nombre del método.

- La lista de parámetros que recibe el método. Esta lista se especifica entre paréntesis y un parámetro se separa de otro por medio de una coma (,). Por cada parámetro se indicará:

  — El nombre del parámetro.

  — Su tipo de dato.

  — El valor por defecto del parámetro, en caso de que lo tenga.

  La información referente a cada parámetro se escribirá de la siguiente forma:

  NombreParámetro: TipoDato = ValorPorDefecto

- El tipo de dato correspondiente al dato devuelto por el método.

La información referente a cada método adoptará la siguiente forma:

visibilidad NombreMétodo ($NombreParámetro_1$: $TipoDato_1$ = $ValorPorDefecto_1$, $NombreParámetro_2$: $TipoDato_2$ = $ValorPorDefecto_2$, ...): TipoDatoDevuelto

Cuando se elabora un diagrama de clases, no siempre se indican los métodos correspondientes a las clases. La indicación de los métodos se lleva a cabo en momentos avanzados de las fases de análisis y diseño del *software*.

La clase *Libro* se podría representar de varias formas dependiendo de lo avanzado que se encuentre el proceso de análisis y diseño del *software*. En momentos iniciales se indicará solo el nombre de la clase y los nombres de los atributos. En momentos posteriores, se indicará por cada atributo además de su nombre, su visibilidad, tipo de dato y valor por defecto, si es que lo tiene. También se proporcionará la información indicada sobre los métodos.

| Libro |
| --- |
| — Código |
| — Título |
| — Editorial |
| — Prestado |
|  |

| Libro |
| --- |
| — Código: Integer |
| — Título: String |
| — Editorial: String |
| — Prestado: Boolean |
| + Prestar (usuario: Usuario): Boolean<br>+ Devolver (usuario: Usuario): Boolean |

**Figura 4.2.** Dos representaciones de la clase Libro.

## 4.2.3. Relaciones entre clases en UML

Así como entre las entidades se establecen relaciones en los diagramas Entidad-Relación, también se establecen relaciones entre clases en los diagramas de clases. Las relaciones entre clases pueden ser de diversos tipos: asociación, agregación, composición, generalización y dependencia.

### 4.2.3.1. Asociación

Una relación normal entre clases recibe el nombre de asociación. Una asociación puede ser reflexiva si relaciona una clase consigo misma, binaria si relaciona dos clases, ternaria si relaciona tres clases, y así sucesivamente.

Las relaciones reflexivas y binarias se representan mediante una línea que se une a las clases participantes. Si la relación es de grado superior a dos, se representa mediante un rombo que se une a las clases participantes en la relación.

Las relaciones pueden tener un nombre, que no es obligatorio y que se especificará sobre la línea que simboliza la relación o dentro del rombo si la relación es de grado superior a dos. Se puede dibujar una punta de flecha en uno de los extremos de la asociación que indique en qué sentido hay que leerla.

En toda relación habrá que indicar las cardinalidades o multiplicidades correspondientes. Las cardinalidades tienen el mismo significado que en los diagramas Entidad-Relación, pero no se representan de igual forma. Las posibles cardinalidades son las siguientes:

1: Uno

0..1: Cero o uno.

0..*: Cero o varios.

*: Cero o varios.

1..*: Uno o varios.

n..m: De n a m.

También se puede especificar en una relación los roles que desempeñan las clases participantes en la relación. Cada rol se especifica mediante una o varias palabras al lado de las clases participantes en la relación y al lado de la línea correspondiente a la asociación.

En la Figura 4.3 se representa una asociación binaria entre las clases *Cliente* y *CuentaBancaria*, de tal forma que un cliente puede ser titular de una o varias cuentas bancarias, y una cuenta bancaria puede tener uno o varios titulares. Como se puede ver, no se ha asignado nombre a la asociación, pues este es opcional.

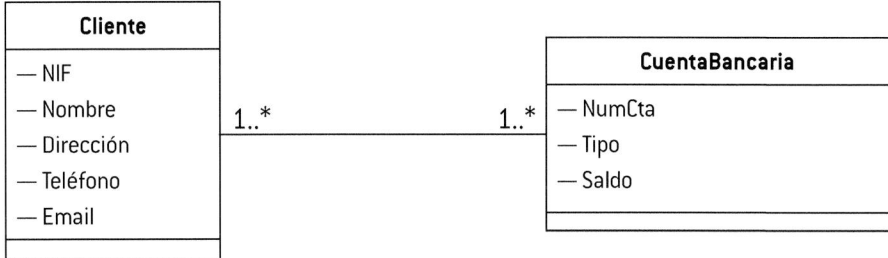

**Figura 4.3.** Asociación binaria sin nombre.

En la Figura 4.4 se representa una asociación reflexiva con el nombre «es jefe de», por la cual un empleado puede tener ninguno o un jefe y, a su vez, un empleado puede ser jefe de ninguno o de varios empleados. Como se puede observar, a esta asociación se le ha asignado un nombre y se han especificado roles.

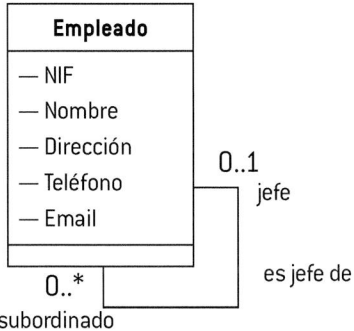

**Figura 4.4.** Asociación reflexiva con nombre y con roles.

En la Figura 4.5 se representa una relación ternaria entre las clases *Atleta, Prueba* y *Fecha,* que indica para los participantes en una competición de atletismo que día/s han participado en cada prueba.

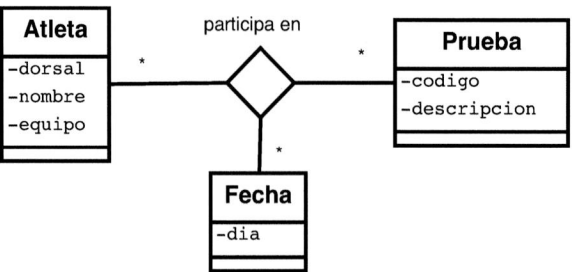

**Figura 4.5.** Asociación ternaria.

Las asociaciones también pueden tener atributos y métodos, dando lugar a las llamadas clases asociativas. Una clase asociativa se representa como una clase cualquiera que va unida a la línea que representa la asociación por medio de una línea con trazado discontinuo. En la figura 6 se muestra una clase asociativa llamada *LíneaPedido*, la cual indica por cada pedido y artículo solicitado en él, la cantidad solicitada de ese artículo en ese pedido.

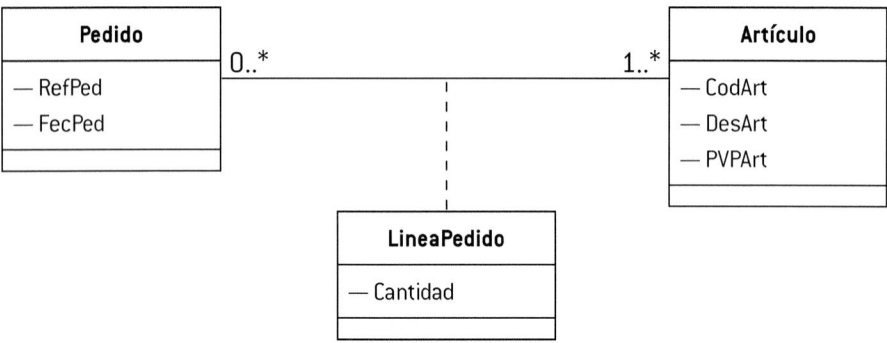

**Figura 4.6.** Clase asociativa vinculada a asociación binaria.

También se pueden vincular clases asociativas a relaciones de grado mayor que 2 (ternarias, cuaternarias, etc.). Si, por ejemplo, para el diagrama UML de la Figura 4.5 quisiésemos almacenar por cada día en el que un atleta participa en una prueba, el resultado obtenido por ese atleta ese día en esa prueba, necesitaríamos vincular una clase asociativa a la relación ternaria con el atributo *resultado.* En este atributo se almacenaría el tiempo que ha empleado en la carrera, la longitud saltada, la distancia a la que ha llegado el elemento lanzado, etc. Se muestra, a continuación, el diagrama UML con la clase asociativa.

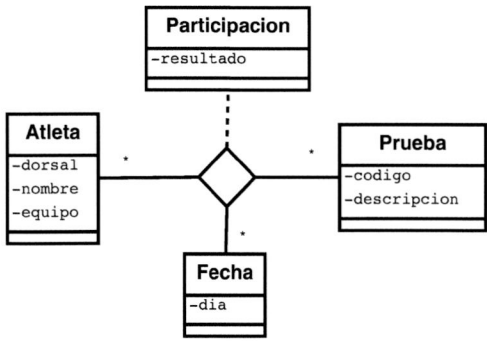

**Figura 4.7.** Clase asociativa vinculada a relación ternaria.

### 4.2.3.2. Agregación

Una agregación es un tipo especial de asociación que representa un objeto compuesto por otros objetos. Se trata de una relación entre un todo (agregado) y las partes que lo componen (componentes). Los componentes pueden existir sin el agregado o, lo que es lo mismo, los componentes pueden existir antes de crear el agregado e incluso después de desaparecer el agregado.

La agregación implica que solo puede existir una instancia del objeto agregado si existe al menos una instancia relacionada de alguno de los componentes. Por ejemplo, no tiene sentido hablar de un coche si no tiene un motor.

Una agregación se representa mediante una línea que une el agregado y cada uno de sus componentes y con un rombo con fondo blanco al lado del agregado.

En la Figura 4.8 se representa un ejemplo de agregación en el cual el agregado *Coche* se compone de un motor y cuatro ruedas. Las ruedas y el motor pueden existir antes de que exista el coche como tal y pueden existir después de que el coche como tal haya desaparecido.

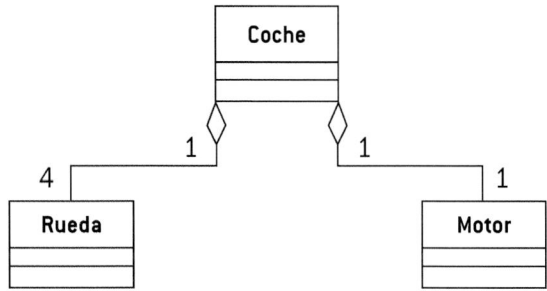

**Figura 4.8.** Agregación.

Se muestra, a continuación, otro ejemplo de agregación, en el que se indica que un plato se elabora con un conjunto de varios ingredientes. El 1..* al lado de *Ingrediente* indica que un plato consta de uno o varios ingredientes. El * al lado de Plato indica que un ingrediente puede estar presente en ninguno o en varios platos.

**Figura 4.9.** Agregación entre un plato y sus ingredientes.

### 4.2.3.3. Composición

Una composición entre clases es una relación más intensa que una agregación. De hecho, también recibe el nombre de agregación fuerte.

En este caso, los componentes se crean en el mismo momento que el agregado y se destruyen cuando se destruye el agregado. Además, un componente solo puede pertenecer a un agregado.

Una composición se representa mediante una línea que une el agregado y cada uno de sus componentes y con un rombo con fondo negro al lado del agregado.

En la Figura 4.10 se representa un ejemplo de composición entre la clase *Ventana* de un entorno de ventanas y sus componentes: título, menú y contenido. En este caso se trata de una composición porque los componentes no tienen existencia propia ni pueden pertenecer a otro agregado y, además, nacen y mueren con su agregado.

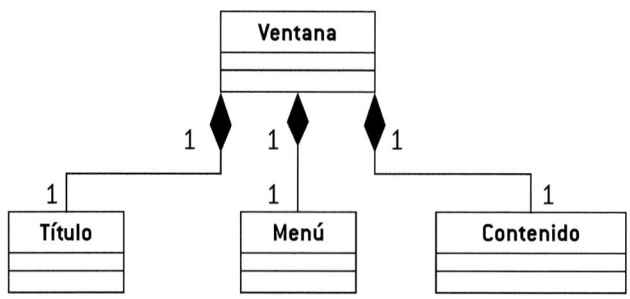

**Figura 4.10.** Composición.

Se muestra, a continuación, otro ejemplo de composición, en este caso, entre un plan de estudios y las asignaturas de que consta dicho plan. Una asignatura solo puede pertenecer a un plan de estudios y cuando desaparece ese plan, desaparecen con él todas sus asignaturas.

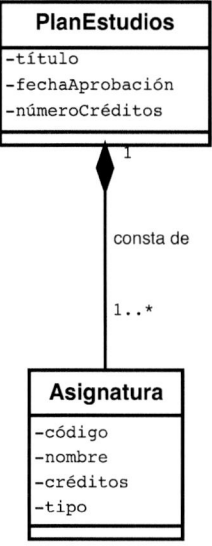

**Figura 4.11.** Composición entre un plan de estudios y sus asignaturas.

### 4.2.3.4. Generalización

Una generalización es la relación que se establece entre varias clases por la cual existe una clase denominada superclase que contiene los atributos y métodos comunes a varias clases, que reciben el nombre de subclases. De esta manera las subclases se generalizan en una superclase y la superclase se especializa en varias subclases (especialización).

La herencia es la propiedad por la cual las subclases además de poseer sus atributos y métodos propios, contienen los atributos y métodos de su superclase.

Una generalización se representa uniendo la subclase con la superclase mediante una línea y dibujando un triángulo con fondo blanco al lado de la superclase.

En la Figura 4.12 se representa la especialización de la clase *Vehículo* en las subclases *Coche* y *Camión*. Vemos cómo la superclase tiene dos atributos (*Matrícula* y *Precio*), que son los comunes a las clases *Coche* y *Camión*, cada una de las cuales posee un atributo específico: *Plazas* y *Tonelaje*.

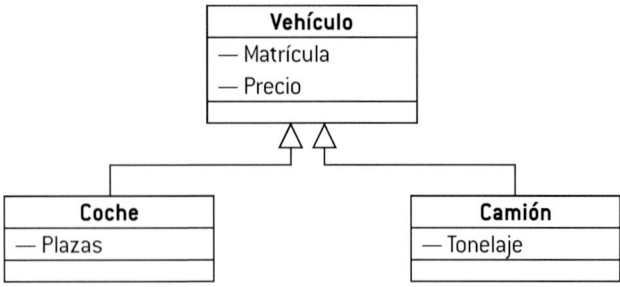

**Figura 4.12.** Generalización.

En una jerarquía de clases y subclases también puede haber más de un nivel, como en la Figura 4.13:

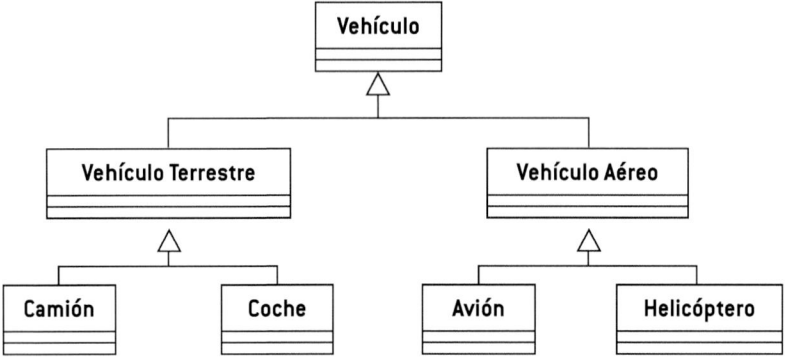

**Figura 4.13.** Generalización a dos niveles.

Las especializaciones pueden ser de distintos tipos:

- Disjuntas o no disjuntas: una especialización será disjunta si un objeto solo puede pertenecer a una única subclase; no disjunta, en caso contrario.

- Totales (completas) o parciales (incompletas): una especialización será total si las subclases representan todos los casos posibles de la superclase; parcial, en caso contrario.

- Estática o dinámica: cuando la especialización es estática, un objeto es instancia desde su creación de la subclase y la superclase en la que fue creado. Cuando la especialización es dinámica, un objeto puede migrar durante su vida entre las diferentes subclases de la especialización.

Así, en la Figura 4.14 se representa una especialización disjunta porque un coche en concreto solo puede estar funcionando o estropeado, total porque no existirán coches que no se puedan clasificar en los dos tipos indicados (funcionando o estropeado) y dinámica porque un coche en concreto, a lo largo de su existencia, puede pasar de estar funcionando a estar estropeado y viceversa.

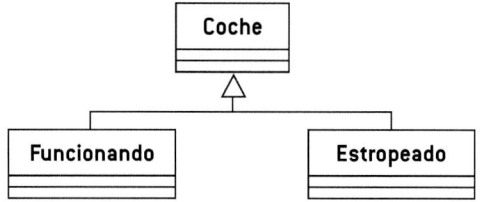

**Figura 4.14.** Especialización disjunta, total y dinámica.

También podemos hablar de herencia simple o herencia múltiple. En el caso de la herencia simple, cada subclase deriva de una sola superclase. Si la herencia es múltiple, una subclase puede derivar de varias subclases. Así, en la jerarquía de clases de la Figura 4.15 tenemos herencia múltiple porque las subclases *Camión* y *Velero* derivan cada una de ellas de dos superclases.

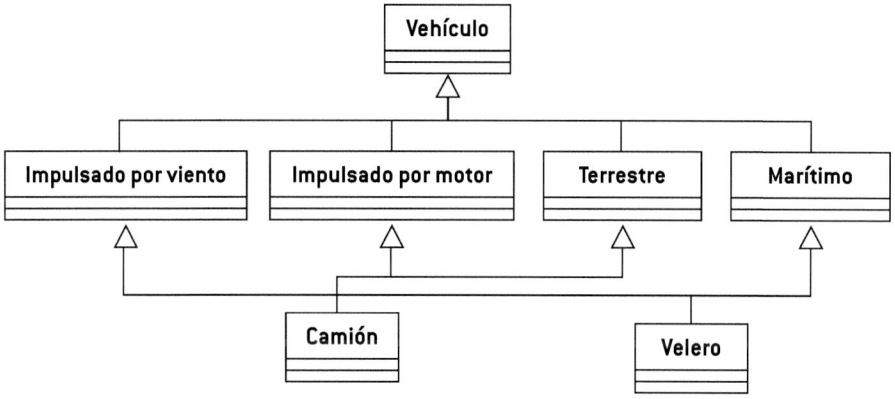

**Figura 4.15.** Herencia múltiple.

### 4.2.3.5. Dependencia

Dependencia es la relación entre dos clases por la cual una de ellas es instanciada por otra clase, lo que quiere decir que una clase depende de otra o que una clase necesita de otra para poder funcionar. Por ejemplo, en un entorno de ventanas una aplicación gráfica instancia una ventana.

Una relación de dependencia se representa mediante una flecha con trazado discontinuo que parte desde la clase dependiente.

**Figura 4.16.** Relación de dependencia.

## 4.3. Comparación del modelo de clases con el modelo Entidad-Relación

Se puede establecer una analogía entre el modelo Entidad-Relación y el modelo de clases. Así:

- Las entidades de los diagramas Entidad-Relación se convierten en clases en los diagramas de clases.

- Los atributos de las entidades de los diagramas Entidad-Relación serán atributos de las clases correspondientes.

- Así como en los diagramas E-R es necesario para cada entidad designar algún atributo como AIP, en los diagramas de clases no es necesario. Esto es debido a que cada objeto de una clase en una aplicación orientada a objetos tiene asignado un identificador que permite referirse a él sin dificultad a lo largo de la ejecución de la aplicación.

- Las relaciones regulares en los diagramas E-R se convierten en asociaciones en los diagramas de clases.

- Las relaciones débiles (dependencias en existencia y en identificación) en los diagramas E-R serán agregaciones o composiciones en los diagramas de clases, dependiendo de si el tiempo de vida de los componentes coincide o no con el del agregado.

- En los dos tipos de diagramas es necesario asociar a cada relación una cardinalidad. La manera de especificar las cardinalidades es similar en ambos tipos de diagramas, aunque se emplea una simbología diferente.

- Los atributos de relaciones en los diagramas E-R originan clases asociativas en los diagramas de clases. A estas clases habrá que asignarles un nombre y tendrán como atributos los que corresponderían a las relaciones de los diagramas E-R.

- Las jerarquías de tipos y subtipos de los diagramas E-R se corresponden con jerarquías de clases en los diagramas de clases.

## 4.4. Diagrama de objetos como caso especial del diagrama de clases

Los diagramas de objetos se pueden considerar un caso especial de los diagramas de clases. En estos diagramas se muestran objetos, es decir, instancias de clases en un momento en el tiempo.

Los objetos en los diagramas de objetos se pueden representar de forma abreviada o de forma detallada:

- De forma abreviada los objetos se representa en un rectángulo poniendo en su interior el nombre del objeto subrayado o bien el nombre del objeto, el símbolo dos puntos (:) y el nombre de la clase a la que pertenece el objeto. En las Figuras 4.17 y 4.18 se representa un objeto de la clase *Cliente* que aparece en la Figura 4.3:

| Cliente 1 |
| --- |

**Figura 4.17.** Objeto de la clase Cliente.

| Cliente 1: Cliente |
| --- |

**Figura 4.18.** Objeto de la clase Cliente.

- De forma detallada un objeto se representa mediante un rectángulo con dos secciones. En la sección superior se escribe subrayado el nombre del objeto, el símbolo dos puntos (:) y a continuación el nombre de la clase. En la sección inferior se escriben sus atributos y por cada uno de ellos después del nombre del atributo se escribe el símbolo igual (=) y el valor que toma el atributo para ese objeto. En la Figura 4.19 se representa un objeto de la clase *Cliente* de manera detallada.

| Cliente 1: Cliente |
| --- |
| NIF= "12345678A"<br>Nombre= "Miguel Arias Gil"<br>Dirección= "Mayor, 5 1º D. Bilbao"<br>Teléfono= 667788990<br>e-mail= "mag@gmail.com" |

**Figura 4.19.** Representación detallada de un objeto de la clase Cliente.

Un diagrama de objetos para el diagrama de clases de la Figura 4.3 contendría las cuentas bancarias de que disponen uno o varios clientes en un momento determinado de ejecución de la aplicación. Por ejemplo, en la Figura 4.20 se representa un diagrama de objetos en el que se refleja el hecho de que el cliente con NIF 12345678A posee dos cuentas bancarias.

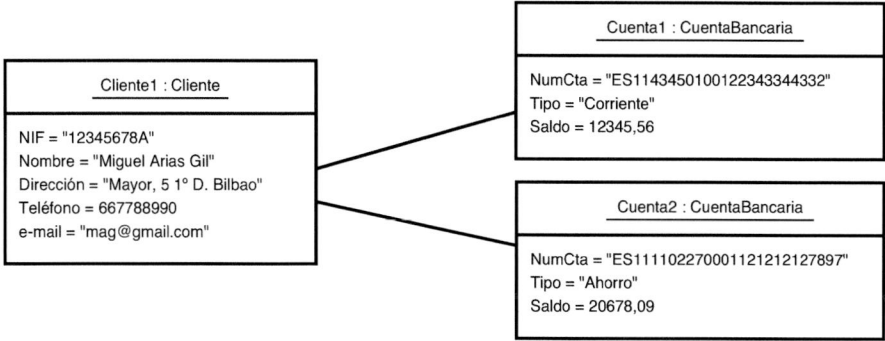

**Figura 4.20.** Diagrama de objetos.

# 5. Modelo distribuido y los enfoques para realizar el diseño

## Contenido

## 5.1. Enumeración de las ventajas e inconvenientes respecto a otros modelos

Una base de datos distribuida es una base de datos que no está almacenada en una única localización física, sino que está extendida por una red de localizaciones geográficamente dispersas y conectadas mediante enlaces de comunicación. Esto quiere decir que una base de datos distribuida está compuesta por varios nodos conectados entre sí. Cada uno de estos nodos es un sistema de bases de datos en sí mismo en el sentido de que consta de una CPU, un SGBD y una serie de terminales. Estos nodos han convenido en trabajar conjuntamente con el fin de que un usuario de cualquiera de los sitios pueda tener acceso a los datos de cualquier nodo de la red igual que si los datos estuviesen almacenados en el nodo local del usuario en cuestión.

Un ejemplo típico de base de datos distribuida es la base de datos de que dispone una empresa con varias ubicaciones o sucursales; supongamos una en Bilbao, otra en Madrid y una tercera en Barcelona. En la base de datos de Bilbao estarán almacenados los datos de los clientes de Bilbao; en la de Madrid, los de los clientes de Madrid, y en la de Barcelona, los de los clientes de Barcelona. Las tres bases de datos están unidas formando una base de datos global distribuida. Esta disposición tiene la ventaja de que los datos están almacenados cerca del punto donde se usan más frecuentemente, lo que supone eficiencia de proceso, pero además existe una mayor disponibilidad o accesibilidad que en otros sistemas, porque es posible acceder a los datos ubicados en una localidad desde cualquier otra.

Una base de datos distribuida está formada por una colección de sitios o nodos y enlaces de comunicación entre los mismos. Todos los nodos de una base de datos distribuida estarán conectados entre sí para que cualquier operación solicitada desde cualquier nodo se pueda llevar a cabo tanto si para ello es preciso utilizar solo datos locales o también datos remotos. Puede ocurrir que alguno de los nodos falle, en cuyo caso ese nodo estará desconectado del resto del sistema mientras que el fallo no se solvente, pero los otros nodos podrán seguir funcionando. También puede ocurrir que falle algún enlace de comunicación entre los nodos, en cuyo caso en los nodos involucrados se podrá seguir trabajando de manera individual, pero no se podrá acceder desde un nodo a la información del otro si la conexión entre ambos ha fallado.

Las bases de datos distribuidas se ajustan a la realidad actual porque es muy común que en una empresa o institución se disponga de múltiples centros o sucursales, desde cada uno de los cuales debe ser posible acceder a datos locales o a datos de otro centro o sucursal. Por este motivo, su uso se ha generalizado enormemente. Sin embargo, esta distribución de los datos, que debe ser transparente para los usuarios, supone dificultades de gestión que deben ser manejadas convenientemente.

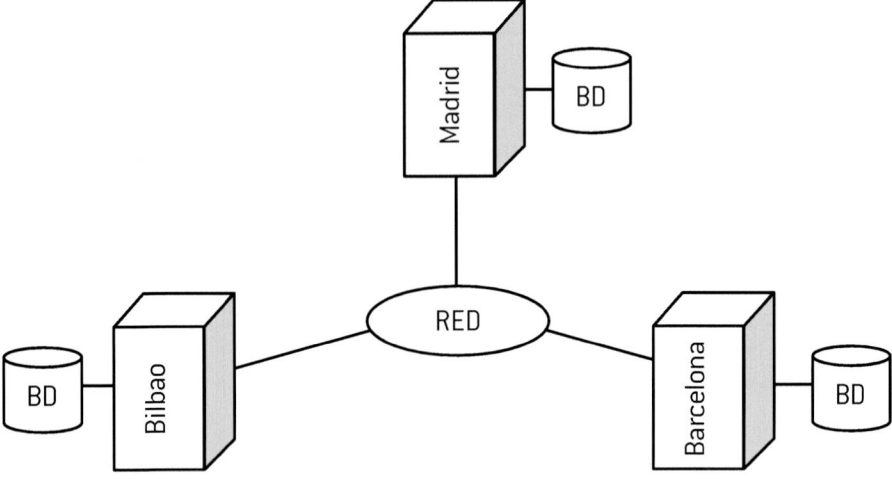

**Figura 5.1.** Esquema de una base de datos distribuida.

Entre las ventajas que presentan las bases de datos distribuidas frente a las centralizadas se pueden mencionar las siguientes:

- Las bases de datos distribuidas se adaptan a la realidad en cuanto a la estructura actual de gran cantidad de empresas u organismos: hoy en día la mayor parte de las empresas están distribuidas de manera lógica (en departamentos, divisiones, etc.) y muchas de ellas también de manera física (en fábricas, sucursales, etc.). Por lo general, los datos también requieren estar distribuidos, ya que cada unidad lógica o física dentro de la empresa querrá tener cerca los datos importantes para su funcionamiento. Una base de datos distribuida posibilita que estas «islas de información» estén conectadas para posibilitar también tener acceso a datos de ubicaciones remotas.

- Autonomía local: cada nodo puede controlar los datos que le pertenecen.

- Eficiencia de procesamiento: los datos se almacenan cerca del punto en el que se utilizan más frecuentemente.

- Mayor accesibilidad, ya que es posible acceder además de a datos locales, a datos remotos gracias a la red que comunica los nodos.

- Mayor fiabilidad y disponibilidad por varios motivos:

  — Porque si falla un nodo, los demás pueden seguir funcionando.

— Si hay datos repetidos en varios nodos, una transacción que necesite acceder a estos datos puede ser encaminada a alguno de los nodos que esté funcionando.

- Económicamente es más rentable disponer de varias bases de datos pequeñas conectadas entre sí que de una base de datos de gran tamaño.

- Modularidad o escalabilidad asegurada: la base de datos distribuida puede aumentar de tamaño fácilmente simplemente añadiendo nuevos nodos y conectándolos a la red de comunicaciones.

Una base de datos distribuida es más compleja que una centralizada, complejidad que, en cualquier caso, debe ser problema del implementador, no del usuario. Pues bien, esta mayor complejidad conlleva una serie de desventajas, como las que se indican a continuación:

- Mayor coste de desarrollo del *software:* los costes de adquisición y mantenimiento de un SGBD distribuido son mayores que los de un SGBD centralizado.

- Es necesario realizar actualizaciones de datos duplicados porque generalmente existen réplicas.

- El control de la concurrencia es más complicado: hay una mayor posibilidad de errores como consecuencia de una mayor concurrencia de distintos nodos a un mismo dato, lo que requiere complicados protocolos de control.

- Mayor tiempo extra en el procesamiento, sobre todo por el intercambio de mensajes y los cálculos adicionales que conllevan las transacciones en las que se ven involucrados varios nodos.

- El diseño de la base de datos es más complejo porque incluye además de las tareas vistas en el diseño de bases de datos centralizadas, las decisiones sobre fragmentación, asignación y replicación de los datos.

## 5.2. Concepto de fragmentación y sus diferentes tipos

El concepto de fragmentación en bases de datos hace referencia a dividir tablas de la base de datos en porciones que se denominan fragmentos. La fragmentación es necesaria por motivos de rendimiento: los datos pueden así estar almacenados en la ubicación donde son usados más frecuentemente para que la mayoría de las operaciones sean locales y se reduzca el tráfico por la red.

Según la manera en que se formen los fragmentos, se puede hablar de distintos tipos de fragmentación, que se exponen a continuación.

## 5.2.1. Vertical

Hacer una fragmentación vertical de una tabla consiste en tomar ciertas columnas o atributos de una tabla. Para realizar un fragmento vertical, por tanto, habrá que aplicar a una tabla el operador de proyección especificando los atributos que se desea que formen parte del fragmento en cuestión. Para el caso que nos ocupa, el de las bases de datos distribuidas, lo habitual es dividir una tabla en varios fragmentos verticales, cada uno de los cuales se ubica en un nodo distinto conteniendo los datos que se usan más habitualmente en ese nodo.

Existe una restricción en cuanto a la composición de los fragmentos verticales, y es que estos deben contener el/los atributo/s que constituya/n la clave primaria de la relación que se fragmenta. El motivo de esta restricción es que debe ser posible identificar las filas correspondientes a cada fragmento y para poder recuperar la relación original a partir de los fragmentos es necesario que la clave primaria forme parte de los fragmentos verticales.

Por ejemplo, para la base de datos distribuida de la Figura 5.1, supongamos que se dispone de una relación *Empleado* con los datos personales de los empleados de la empresa (número de empleado, NIF, nombre, dirección, teléfono) y la sucursal en la que trabajan:

Empleado (NumEmp, NIFEmp, NomEmp, DirEmp, TelEmp, SucursalEmp)

Pues bien, para esta relación, una fragmentación vertical consistiría en dividir la relación *Empleado* en dos relaciones: por un lado, *EmpleadoA*, conteniendo los datos de identificación del empleado, y por otro, *EmpleadoB*, conteniendo los restantes datos.

Cada uno de estos fragmentos se obtendría realizando una proyección sobre la relación *Empleado* con los atributos correspondientes a cada fragmento. Los fragmentos se obtendrían con las siguientes expresiones del álgebra relacional:

$$EmpleadoA \rightarrow \pi_{NumEmp, NIFEmp, NomEmp} (Empleado)$$
$$EmpleadoB \rightarrow \pi_{NumEmp, DirEmp, TelEmp, SucursalEmp} (Empleado)$$

Se puede observar como los dos fragmentos contienen el atributo clave primaria de la relación *Empleado* (*NumEmp*).

Vemos en la Figura 5.2 un ejemplo de contenido de la tabla *Empleado* y de sus fragmentos *EmpleadoA* y *EmpleadoB*

Empleado

| NumEmp | NIFEmp | NomEmp | DirEmp | TelEmp | SucursalEmp |
|--------|--------|--------|--------|--------|-------------|
| 1 | 22334455A | Jose García Ruiz | Arenal, 12 1ºA | 911234567 | Madrid |
| 2 | 99887766F | Luisa Gil Gutiérrez | Avda. Diagonal, 123, 5ºF | 937654321 | Barcelona |
| 3 | 12345678G | Ángela Pérez Roy | Gran Vía, 5 1º A | 653111111 | Madrid |
| 4 | 987654320 | Pedro Val Román | Gran Vía, 8 2º E | 943456789 | Bilbao |
| 5 | 12121212R | Luis Piña Sal | Ercilla, 11 3º | 668989898 | Bilbao |

EmpleadoA $\rightarrow \pi_{NumEmp, NIFEmp, NomEmp}$ (Empleado)

| NumEmp | NIFEmp | NomEmp |
|--------|--------|--------|
| 1 | 22334455A | Jose García Ruiz |
| 2 | 99887766F | Luisa Gil Gutiérrez |
| 3 | 12345678G | Ángela Pérez Roy |
| 4 | 987654320 | Pedro Val Román |
| 5 | 12121212R | Luis Piña Sal |

EmpleadoB $\rightarrow \pi_{NumEmp, DirEmp, TelEmp, SucursalEmp}$ (Empleado)

| NumEmp | DirEmp | TelEmp | SucursalEmp |
|--------|--------|--------|-------------|
| 1 | Arenal, 12 1ºA | 911234567 | Madrid |
| 2 | Avda. Diagonal, 123, 5ºF | 937654321 | Barcelona |
| 3 | Gran Vía, 5 1º A | 653111111 | Madrid |
| 4 | Gran Vía, 8 2º E | 943456789 | Bilbao |
| 5 | Ercilla, 11 3º | 668989898 | Bilbao |

**Figura 5.2.** Ejemplo de fragmentación vertical.

Para recuperar la relación original a partir de sus fragmentos verticales, será necesario realizar la operación de reunión natural sobre todos sus fragmentos. Para el caso que nos ocupa, la relación *Empleado* se obtendrá por medio de la siguiente operación:

$$EmpleadoA \bowtie EmpleadoB$$

## 5.2.2. Horizontal

Hacer una fragmentación horizontal de una tabla consiste en tomar ciertas filas o tuplas de una tabla. Para realizar un fragmento horizontal, por tanto, habrá que aplicar a una tabla el operador de selección o restricción especificando en el predicado correspondiente la condición por la que se indican las filas que se desea que formen parte del fragmento en cuestión. Para el caso que nos ocupa, el de las bases de datos distribuidas, lo habitual es dividir una tabla en varios fragmentos horizontales, cada uno de los cuales se ubica en un nodo distinto conteniendo los datos que se usan más habitualmente en ese nodo.

Para la relación *Empleado* referida en el anterior apartado, una fragmentación horizontal consistiría en dividir la relación *Empleado* en tres relaciones *EmpleadoMad*, *EmpleadoBio* y *EmpleadoBcn* conteniendo los datos de los empleados que trabajen en Madrid, Bilbao y Barcelona, respectivamente.

Cada uno de estos fragmentos se obtendría realizando una selección sobre la relación *Empleado* con un predicado que indique que el atributo *SucursalEmp* debe tomar los valores 'Madrid', 'Bilbao' o 'Barcelona'. Los fragmentos se obtendrían con las siguientes expresiones del álgebra relacional:

$$EmpleadoMad \rightarrow \sigma_{SucursalEmp = 'Madrid'}(Empleado)$$

$$EmpleadoBio \rightarrow \sigma_{SucursalEmp = 'Bilbao'}(Empleado)$$

$$EmpleadoBcn \rightarrow \sigma_{SucursalEmp = 'Barcelona'}(Empleado)$$

Vemos en la Figura 5.3 un ejemplo de contenido de la tabla *Empleado* y de sus fragmentos *EmpleadoMad*, *EmpleadoBio* y *EmpleadoBcn*.

Empleado

| NumEmp | NIFEmp | NomEmp | DirEmp | TelEmp | SucursalEmp |
|--------|--------|--------|--------|--------|-------------|
| 1 | 22334455A | Jose García Ruiz | Arenal, 12 1ºA | 911234567 | Madrid |
| 2 | 99887766F | Luisa Gil Gutiérrez | Avda. Diagonal, 123, 5ºF | 937654321 | Barcelona |
| 3 | 12345678G | Ángela Pérez Roy | Gran Vía, 5 1º A | 653111111 | Madrid |
| 4 | 987654320 | Pedro Val Román | Gran Vía, 8 2º E | 943456789 | Bilbao |
| 5 | 12121212R | Luis Piña Sal | Ercilla, 11 3º | 668989898 | Bilbao |

$EmpleadoMad \rightarrow \sigma_{SucursalEmp = 'Madrid'}(Empleado)$

| NumEmp | NIFEmp | NomEmp | DirEmp | TelEmp | SucursalEmp |
|--------|--------|--------|--------|--------|-------------|
| 1 | 22334455A | Jose García Ruiz | Arenal, 12 1ºA | 911234567 | Madrid |
| 3 | 12345678G | Ángela Pérez Roy | Gran Vía, 5 1º A | 653111111 | Madrid |

$EmpleadoBio \rightarrow \sigma_{SucursalEmp = 'Bilbao'}(Empleado)$

| NumEmp | NIFEmp | NomEmp | DirEmp | TelEmp | SucursalEmp |
|--------|--------|--------|--------|--------|-------------|
| 4 | 987654320 | Pedro Val Román | Gran Vía, 8 2º E | 943456789 | Bilbao |
| 5 | 12121212R | Luis Piña Sal | Ercilla, 11 3º | 668989898 | Bilbao |

$EmpleadoBcn \rightarrow \sigma_{SucursalEmp = 'Barcelona'}(Empleado)$

| NumEmp | NIFEmp | NomEmp | DirEmp | TelEmp | SucursalEmp |
|--------|--------|--------|--------|--------|-------------|
| 2 | 99887766F | Luisa Gil Gutiérrez | Avda. Diagonal, 123, 5ºF | 937654321 | Barcelona |

**Figura 5.3.** Ejemplo de fragmentación horizontal.

Siempre que se crean fragmentos a partir de una tabla, debe ser posible recuperar la tabla original (sin fragmentar), en este caso la tabla *Empleado*, mediante la aplicación de algún operador del álgebra relacional. Pues bien, en el caso de la fragmentación horizontal, se debe usar el operador unión (U), es decir, la relación *Empleado* se obtendrá a partir de sus fragmentos horizontales mediante la siguiente operación:

EmpleadoMad U EmpleadoBio U EmpleadoBcn

### 5.2.3. Mixta

La fragmentación mixta consiste en la creación de fragmentos a partir de una relación seleccionando de dicha relación determinadas filas o tuplas y determinados atributos, es decir, consiste en aplicar conjuntamente la fragmentación horizontal y la fragmentación vertical.

### 5.2.4. Enumeración de las reglas de corrección de la fragmentación

A continuación se enuncian las tres reglas que se han de cumplir durante el proceso de fragmentación. Estas asegurarán la ausencia de cambios semánticos en la base de datos durante el proceso:

- Compleción: si una relación $R$ se descompone en una serie de fragmentos $R_1$, $R_2$,..., $R_n$, cada elemento de datos que se encuentra en $R$ deberá poder encontrarse en uno o varios fragmentos $R_i$. Esta propiedad asegura que los datos de la relación global se proyectan sobre los fragmentos sin pérdida alguna.

- Reconstrucción: si una relación $R$ se descompone en una serie de fragmentos $R_1$, $R_2$,..., $R_n$, puede definirse un operador relacional (diferente dependiendo del tipo de fragmentación) tal que se pueda reconstruir la relación $R$ a partir de sus fragmentos y tal que se preserven las restricciones definidas sobre los datos en forma de dependencias.

- Disyunción: si una relación $R$ se descompone horizontalmente en una serie de fragmentos $R_1$, $R_2$,..., $R_n$ y un elemento de datos $d_i$ se encuentra en algún fragmento $R_j$, entonces no se encuentra en ningún otro fragmento $R_k$. Esta regla asegura que los fragmentos horizontales sean disjuntos.

### 5.3. Enumeración de las reglas de distribución de datos

El principio fundamental de las bases de datos distribuidas es el siguiente: desde el punto de vista del usuario, un sistema distribuido debe ser idéntico a uno no distribuido o centralizado.

Esto quiere decir que los usuarios de un sistema distribuido deben poder trabajar con la base de datos como si todos los datos se encontrasen en el nodo local. Todos los detalles referentes a dónde se encuentran los datos, si los datos están fragmentados o no, replicados o no, etc. no deben ser conocidos por los usuarios, aunque sí deban ser tratados internamente por el sistema.

Los doce principios básicos relacionados con las bases de datos distribuidas son los siguientes:

1. Autonomía local: los sitios de un sistema distribuido deben ser autónomos. Todas las operaciones que se llevan a cabo en un nodo se controlan desde ese mismo sitio, lo que implica que un sitio no debe depender de ningún otro para funcionar correctamente.

2. No dependencia de un sitio central: todos los sitios deben ser tratados por igual, lo que implica la inexistencia de un sitio central o maestro del que dependan los demás. Esto es deseable por al menos dos motivos: porque este sitio central podría convertirse en un «cuello de botella» que retrasase los procesos y porque el sistema sería muy vulnerable, ya que si fallase el sitio central dejaría de funcionar todo el sistema.

3. Operación continua: no debería ser necesario apagar el sistema por ningún motivo, como, por ejemplo, añadir un nuevo sitio o instalar una nueva versión del SGBD en uno de los sitios.

4. Independencia de localización o localización transparente: los usuarios no necesitan saber dónde están ubicados físicamente los datos con los que operan, lo que quiere decir que deben poder trabajar como si todos los datos estuviesen ubicados en su nodo local. Toda la información acerca de la ubicación de los datos debe estar almacenada en el sistema. Las solicitudes de datos por parte de todos los usuarios deben ser interpretadas para que el sistema lleve a cabo las operaciones pertinentes con el fin de poner los datos a disposición de los usuarios, sin que estos sean conscientes de las operaciones internas requeridas para este propósito.

5. Independencia de fragmentación o fragmentación transparente: los usuarios deben poder comportarse con un sistema en el que haya fragmentación de datos como si no la hubiera, es decir, exactamente igual que si no existiese fragmentación.

6. Independencia de replicación o replicación transparente: un usuario debe poder comportarse con un sistema distribuido en el que exista replicación de datos como si no hubiese réplicas. Todos los problemas que

se derivan del uso de las réplicas, como necesidad de actualizaciones de varias réplicas, deben ser manejados internamente por el sistema y desconocidos por los usuarios.

7. Procesamiento distribuido de consultas: la optimización en el procesamiento de consultas es más importante en un sistema distribuido que en uno centralizado. Hay que tener en cuenta que en una consulta que afecta a varios sitios habrá muchas maneras de trasladar los datos a través de la red para satisfacer la solicitud y es fundamental encontrar una estrategia eficiente. Por ejemplo, supongamos una consulta que requiere realizar una operación como la unión o la combinación sobre dos relaciones *RA* y *RB* ubicadas en los nodos *A* y *B* respectivamente. Pues bien, esta consulta se puede llevar a cabo empleando diversas estrategias como: trasladando *RA* a *B* y realizando allí la operación, o trasladando *RB* a *A*, o trasladando *RA* y *RB* a un tercer sitio. En estos sistemas hay diferentes estrategias para procesar una consulta y es trascendental encontrar la más eficiente, pues puede haber importantes diferencias en cuanto al tiempo de respuesta en cada caso.

8. Gestión distribuida de transacciones: es importante tener en cuenta que el control de la concurrencia y el control de la recuperación tienen peculiaridades en un ambiente distribuido. Tengamos en cuenta que en un sistema distribuido una transacción puede implicar ejecutar código en varios sitios. Pues bien, se llama agente al proceso ejecutado como parte de una transacción en un determinado nodo. El sistema deberá saber cuándo dos agentes son parte de una misma transacción para, por ejemplo, no permitir un bloqueo mutuo entre ellos. En cuanto al control de la recuperación, para asegurar la atomicidad de una transacción, el sistema deberá garantizar que todos los agentes de una transacción se comprometan al unísono o bien retrocedan al unísono.

9. Independencia con respecto al equipo: los equipos de *hardware* existentes en los diferentes nodos en que se encuentra distribuida la base de datos no tienen por qué ser del mismo tipo.

10. Independencia con respecto al sistema operativo: los sistemas operativos presentes en los diferentes nodos no tienen por qué ser del mismo tipo.

11. Independencia con respecto a la red: los enlaces de comunicación que unen a los diferentes nodos de la red no tienen por qué ser del mismo tipo.

12. Independencia con respecto al SGBD: aunque los SGBD en los diferentes sitios manejen todos la misma interfaz, por ejemplo, el mismo lenguaje SQL, no tiene por qué ser necesariamente copia del mismo SGBD.

## 5.4. Descripción de los esquemas de asignación y replicación de datos

El concepto de replicación hace referencia a que en una base de datos distribuida haya datos repetidos en diversas localizaciones. Estos datos repetidos pueden ser relaciones o fragmentos de relaciones.

La existencia de réplicas podemos decir que conlleva las siguientes ventajas:

- Un incremento del rendimiento, ya que al estar los datos repetidos en diversos nodos, hay una mayor probabilidad de que las operaciones puedan operar sobre datos o réplicas locales evitando tener que comunicarse con otros nodos.

- Mayor disponibilidad, ya que un elemento de datos estará disponible para su proceso siempre que esté disponible al menos una réplica, es decir, siempre que al menos uno de los nodos que contenga una réplica del mismo esté accesible.

No obstante, la existencia de réplicas también presenta algunos inconvenientes:

- La actualización de un dato replicado debe llevarse a cabo sobre todas las réplicas del mismo para mantener la consistencia de la base de datos.

- Es necesario más espacio de almacenamiento.

- Realizar las operaciones de consulta y de actualización de datos es más costoso en cuanto a consumo de recursos, puesto que, por un lado, las consultas se deben dirigir a la réplica más cercana disponible, y por otro lado, las operaciones de actualización, como se ha indicado anteriormente, deben dirigirse a todas las réplicas existentes.

Sin embargo, se puede afirmar que las ventajas compensan a los inconvenientes y, de hecho, la existencia de réplicas se puede considerar una de las condiciones que se cumplen en prácticamente todas las bases de datos distribuidas en la actualidad.

El primer paso que se debe dar para asignar datos a los distintos nodos de una base de datos distribuida es realizar una fragmentación adecuada. A continuación, se deben asignar los fragmentos establecidos a cada nodo.

Debe tenerse en cuenta que los datos también se pueden replicar. Las réplicas son beneficiosas por la mayor disponibilidad de los datos y la eficiencia de las consultas. Así, si existen múltiples réplicas de un dato, el sistema puede acceder a estos datos incluso en caso de fallo de uno de los nodos que los contenga. Además, varias consultas que accedan a los mismos datos se pueden ejecutar en paralelo si hay múltiples copias. Por otro lado, la ejecución de operaciones de actualización sobre un dato replicado conlleva la actualización de todas las copias existentes, lo que es costoso y problemático. Por este motivo, el parámetro fundamental que se debe tener en cuenta a la hora de decidir la replicación o no de los datos es la cantidad de consultas frente a operaciones de actualización que se llevan a cabo sobre los datos. En caso de que predominen las primeras, puede resultar muy conveniente mantener réplicas de algunos datos. Si predominan las operaciones de actualización, las réplicas son más problemáticas que otra cosa, pudiéndose llegar incluso al extremo de una base de datos fragmentada, que es aquella en la que no existe ninguna réplica y los fragmentos se ubican en sitios donde solo existe una copia de cada uno de ellos a lo largo de toda la red. En el extremo opuesto se encontraría una base de datos totalmente replicada, que es aquella en la que hay una copia de todos los datos en cada nodo. La opción intermedia, que es la más habitual, consistiría en mantener réplicas de algunos fragmentos en algunos sitios; en este caso, se habla de base de datos parcialmente replicada.

# Ejercicios resueltos

# Capítulo 2: Análisis del modelo relacional y los elementos que lo integran

1. Se proporciona el siguiente esquema relacional con información acerca de las personas que aparecen en una agenda:

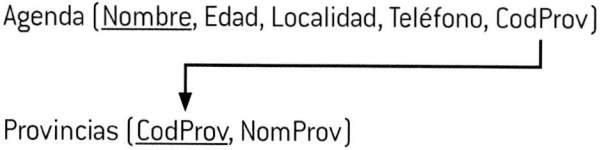

Agenda (<u>Nombre</u>, Edad, Localidad, Teléfono, CodProv)

Provincias (<u>CodProv</u>, NomProv)

Con los siguientes datos:

**Agenda**

| Nombre | Edad | Localidad | Teléfono | CodProv |
|--------|------|-----------|----------|---------|
| Luis Pérez | 32 | Bilbao | 660660660 | 48 |
| Luisa Piñeiro | 45 | Santoña | 942234567 | 39 |
| Izaskun Ruiz | 35 | Getxo | 944309999 | 48 |
| Pepe López | 50 | Eibar | 676754321 | 20 |
| María Gil | 64 | Burgos | 947235432 | 09 |
| Mario Ros | 22 | Bilbao | 944156754 | 48 |
| Borja Rupérez | 28 | Noja | 665544332 | 39 |

**Provincias**

| CodProv | NomProv |
|---------|---------|
| 09 | Burgos |
| 20 | Guipúzcoa |
| 39 | Cantabria |
| 48 | Vizcaya |

Se pide, para cada una de las siguientes consultas, indicar el resultado de la misma y escribir las expresiones correspondientes del álgebra relacional, cálculo relacional de tuplas y cálculo relacional de dominios:

a) Obtener los nombres de las localidades en las que vive alguna persona de la agenda.

b) Obtener todos los datos de las personas de la agenda que viven en Bilbao.

c) Obtener el nombre y la edad de las personas de la agenda que tienen menos de 30 años.

d) Obtener para todas las personas de la agenda de más de 40 años, su nombre, localidad y nombre de la provincia en la que vive.

e) Obtener para las personas de la agenda que viven en la provincia de Vizcaya, su nombre, edad y teléfono.

SOLUCIÓN:

a)  $\pi_{\text{Localidad}}(\text{Agenda})$

   {t | ∃ s ∈ Agenda (t.Localidad = s.Localidad)}}

   {<l> | ∃ n, e, t, cp (<n, e, l, t, cp> ∈ Agenda)}

| Localidad |
|-----------|
| Bilbao |
| Santoña |
| Getxo |
| Eibar |
| Burgos |
| Noja |

b)  $\sigma_{\text{Localidad} = \text{'Bilbao'}}(\text{Agenda})$

   {t | (t ∈ Agenda) ∧ (t.Localidad = 'Bilbao')}

   {<n, e, l, t, cp> | (<n, e, l, t, cp > ∈ Agenda ∧ l = 'Bilbao')}

| Nombre | Edad | Localidad | Teléfono | CodProv |
|--------|------|-----------|----------|---------|
| Luis Pérez | 32 | Bilbao | 660660660 | 48 |
| Mario Ros | 22 | Bilbao | 944156754 | 48 |

c)  $\pi_{\text{Nombre, Edad}}(\sigma_{\text{Edad} < 30}(\text{Agenda}))$

   {t | ∃ s ∈ Agenda ((t.Nombre = s.Nombre) ∧ (t.Edad = s.Edad) ∧ (t.Edad < 30))}

   {<n, e> | ∃ l, t, cp (<n, e, l, t, cp> ∈ Agenda ∧ e < 30)}

| Nombre | Edad |
|--------|------|
| Mario Ros | 22 |
| Borja Rupérez | 28 |

d)  $\pi_{\text{Agenda.Nombre, Localidad, NomProv}}(\sigma_{\text{Edad} > 40}(\text{Agenda} \bowtie \text{Provincias}))$

   {t | ∃ s ∈ Agenda ((t.Nombre = s.Nombre) ∧ (t.Localidad = s.Localidad) ∧ (s.Edad > 40) ∧ ∃ u ∈ Provincias ((s.CodProv = u.CodProv) ∧ (t.NomProv = u.NomProv)))}

   {<n, l, np> | ∃ cp (<n, e, l, t, cp> ∈ Agenda ∧ e > 40 ∧ ∃ np (<cp, np> ∈ Provincias))}

134

| Nombre | Localidad | NomProv |
|---|---|---|
| Luisa Piñeiro | Santoña | Cantabria |
| Pepe López | Eibar | Guipúzcoa |
| María Gil | Burgos | Burgos |

e) $\pi_{\text{Agenda.Nombre, Edad,Teléfono}}\left(\sigma_{\text{NomProv = 'Vizcaya'}}(\text{Agenda} \bowtie \text{Provincias})\right)$

$\{t \mid \exists\, s \in \text{Agenda } [(t.\text{Nombre} = s.\text{Nombre}) \wedge (t.\text{Edad} = s.\text{Edad}) \wedge (t.\text{Teléfono} = s.\text{Teléfono}) \wedge \exists\, u \in \text{Provincias } [(s.\text{CodProv} = u.\text{CodProv}) \wedge (u.\text{NomProv} = \text{'Vizcaya'})])]\}$

$\{<n, e, t> \mid \exists\, cp\ (<n, e, l, t, cp> \in \text{Agenda} \wedge \exists\, np\ (<cp, np> \in \text{Provincias} \wedge np = \text{'Vizcaya'}))\}$

| Nombre | Edad | Teléfono |
|---|---|---|
| Luis Pérez | 32 | 660660660 |
| Izaskun Ruiz | 35 | 944309999 |
| Mario Ros | 22 | 944156754 |

**2.** Se van a proporcionar varios supuestos prácticos de normalización en los que se va a partir de una relación universal (relación con todos los atributos del universo del discurso) y se van a ir aplicando las formas normales de la primera a la tercera en orden, dando lugar a un esquema relacional con más relaciones y normalizado hasta la 3FN. También se exponen al final de cada ejercicio propuestas de desnormalización.

### Pedidos en una empresa

Se desean registrar los siguientes datos acerca de cada pedido en una base de datos:

Fecha: **23 de junio de 2024**
Pedido Nº: **444444**
Proveedor Nº: **1234**
Nombre proveedor: **Hnos. García**
Dirección proveedor: **Mayor, 11. Bilbao**

| Nº Prod | Descripción | Prec. Unitario | Cant | Importe |
|---|---|---|---|---|
| 1111 | Televisión | 320,00 | 1 | 320,00 |
| 2222 | Clavija | 0,60 | 10 | 6,00 |
| 3333 | Enchufe | 0,90 | 5 | 4,50 |
| TOTAL: | | | | **330,50** |

**Figura 1.** Datos de un pedido.

SOLUCIÓN:

La relación universal es la siguiente, con el grupo repetitivo que aparecen subrayado considerando como clave primaria el atributo *NumPed*:

Pedido (NumPed, FecPed, NumProv, NomProv, DirProv, <u>NumProd, DescProd, PrecUnit, Cant, Importe</u>, Total)

Como hay un grupo repetitivo, la relación no se encuentra en 1FN. La pasamos a esta forma normal eliminando el grupo repetitivo y creando una nueva relación con los atributos del grupo repetitivo y la clave primaria de la relación de partida.

Pedido' (<u>NumPed</u>, FecPed, NumProv, NomProv, DirProv, Total)

LineaPedido (<u>NumPed, NumProd</u>, DescProd, PrecUnit, Cant, Importe)

Para que la relación *LineaPedido* se encuentre en 2FN es necesario que todos sus atributos no clave dependan de la totalidad de la clave, es decir, que sean verdad todas las siguientes dependencias funcionales totales:

$$(NumPed, NumProd) \Rightarrow DescProd$$

$$(NumPed, NumProd) \Rightarrow PrecUnit$$

$$(NumPed, NumProd) \Rightarrow Cant$$

$$(NumPed, NumProd) \Rightarrow Importe$$

Vamos a suponer que los precios de los productos son únicos, esto es, que los productos se venden al mismo precio independientemente de a quién se realice la venta. Pues bien, teniendo esto en consideración, las dos primeras dependencias funcionales no son verdad porque la descripción del producto y su precio solo dependen del producto y no del pedido, es decir, se cumplen las siguientes dependencias funcionales:

$$NumProd \rightarrow DescProd$$

$$NumProd \rightarrow PrecUnit$$

Esto quiere decir que los atributos *DescProd* y *PrecUnit* no dependen de la totalidad de la clave, por lo que la relación *LineaPedido* no se encuentra en 2FN. Para pasarla a esta forma normal tendremos que eliminar estos dos atributos de la relación en la que se encuentran y crear por cada uno de ellos una nueva relación con cada atributo eliminado y aquel del que dependen, el cual será la clave primaria. En este caso, como los dos atributos eliminados dependen del mismo atributo (*NumProd*) solo crearemos una nueva relación con ellos más aquel atributo del que dependen. El esquema relacional en 2FN quedará de la siguiente forma:

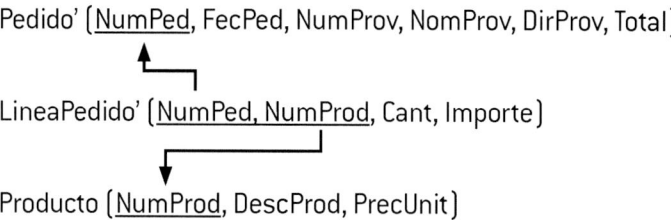

Pedido' (NumPed, FecPed, NumProv, NomProv, DirProv, Total)

LineaPedido' (NumPed, NumProd, Cant, Importe)

Producto (NumProd, DescProd, PrecUnit)

Ahora vamos a examinar si las relaciones se encuentran en 3FN buscando dependencias funcionales transitivas. Pues bien, en la relación *Pedido'* se detecta la siguiente dependencia transitiva:

$$NumPed \rightarrow NumProv \rightarrow NomProv, DirProv$$

Esto quiere decir que los atributos *NomProv* y *DirProv* no dependen directamente de la clave (*NumPed*), sino del atributo *NumProv*. Por este motivo, la relación *Pedido'* no está en 3FN. Debemos, por tanto, pasarla a 3FN. Para ello eliminaremos de la relación *Pedido'* los dos atributos que no dependen directamente de la clave (*NomProv* y *DirProv*) y crearemos una relación por cada uno de ellos con ese atributo más aquel del que dependen, el cual será la clave primaria. El esquema relacional en 3FN nos quedará como sigue:

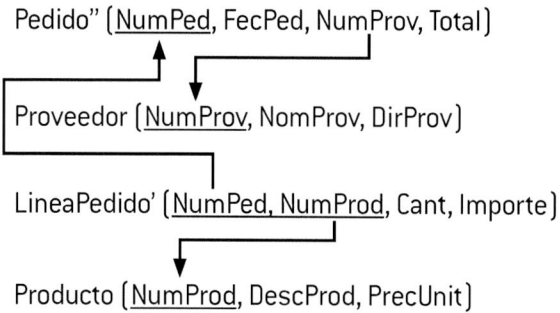

Pedido" (NumPed, FecPed, NumProv, Total)

Proveedor (NumProv, NomProv, DirProv)

LineaPedido' (NumPed, NumProd, Cant, Importe)

Producto (NumProd, DescProd, PrecUnit)

Propuestas de desnormalización:

En el caso de que al mostrar los datos de un pedido, se muestren casi siempre los del proveedor del mismo y si sobre la tabla *Proveedor* no se realizan actualizaciones frecuentes, se podría proponer incluir todos los atributos de la relación *Proveedor* en la relación *Pedido"*, eliminando de esta forma la tabla *Proveedor*.

Si casi siempre al mostrar la información sobre las líneas de un pedido es necesario consultar datos sobre el producto correspondiente, se podrían colocar los atributos *DescProd* y *PrecUnit* en la tabla *LíneaPedido'*, eliminado de esta manera la relación *Producto*.

## Matrícula escolar

Se proporciona una relación universal y las siguientes suposiciones semánticas:

Matrícula (DNI, Nombre, Apellidos, Cód_asignatura, Curso, Nota, Aula, Lugar)

Suposiciones semánticas:

- El atributo *Cód_asignatura* identifica las asignaturas en las que se encuentra matriculado cada uno de los alumnos.

- Por cada asignatura en la que está matriculado un alumno se almacena una única nota, la que figurará en su expediente académico.

- Una asignatura se puede impartir en diferentes aulas dependiendo del grupo al que pertenezca el alumno.

- El atributo *Aula* representa el aula en que se imparte la docencia de cada asignatura, mientras que *Lugar* indica el lugar del centro en el que se encuentra el aula (el edificio, la planta, etc.). Cada aula lleva asignado un número que identifica el lugar en el que se encuentra el aula.

SOLUCIÓN:

Vamos a considerar como clave primaria de la relación el DNI del alumno. Hay varios atributos que forman parte de un grupo repetitivo (los que aparecen subrayados) porque un alumno puede estar matriculado en varias asignaturas.

Matrícula (DNI, Nombre, Apellidos, Cód_asignatura, Nota, Curso, Aula, Lugar)

Como hay un grupo repetitivo, la relación no se encuentra en 1FN. La pasamos a esta forma normal eliminando el grupo repetitivo de la relación y creando una nueva. El esquema relacional en 1FN queda como sigue:

Matrícula' (DNI, Nombre, Apellidos)

↑

Expediente (DNI, Cód_asignatura, Nota, Curso, Aula, Lugar)

Para que la relación *Expediente* se encuentre en 2FN es necesario que todos sus atributos no clave dependan de la totalidad de la clave, esto es, que se cumplan las siguientes dependencias funcionales totales:

$$(\text{DNI, Cód\_asignatura}) \Rightarrow \text{Nota}$$

$$(\text{DNI, Cód\_asignatura}) \Rightarrow \text{Curso}$$

$$(\text{DNI, Cód\_asignatura}) \Rightarrow \text{Aula}$$

$$(\text{DNI, Cód\_asignatura}) \Rightarrow \text{Lugar}$$

La segunda dependencia funcional total no se cumple porque una asignatura pertenece a un único curso, es decir, se cumple:

$$\text{Cód\_asignatura} \rightarrow \text{Curso}$$

Por este motivo la relación *Expediente* no se encuentra en 2FN y para pasarla a esta forma normal deberemos eliminar el atributo *Curso* de esta relación y crear una nueva con él más el atributo del que depende, el cual será la clave primaria. El esquema relacional en 2FN será el siguiente:

Matrícula' (<u>DNI</u>, Nombre, Apellidos)

Expediente' (<u>DNI, Cód_asignatura</u>, Nota, Aula, Lugar)

Asignatura (<u>Cód_asignatura</u>, Curso)

De las relaciones existentes, *Asignatura* ya se encuentra en 3FN porque solo tiene un atributo no clave. En las demás relaciones deberemos buscar alguna dependencia funcional transitiva y en la relación Expediente' encontramos la siguiente:

$$(\text{DNI, Cód\_asignatura}) \rightarrow \text{Aula} \rightarrow \text{Lugar}$$

Esto quiere decir que el atributo *Lugar* no depende directamente de la clave primaria, sino del atributo *Aula*. Para pasar la relación *Expediente'* a 3FN hemos de eliminar de ella el atributo *Lugar* y crear una nueva relación con este atributo más aquel del que depende, el cual será clave primaria. El esquema relacional en 3FN quedará como sigue:

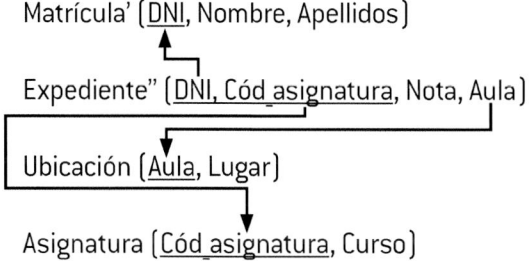

Matrícula' (<u>DNI</u>, Nombre, Apellidos)

Expediente" (<u>DNI, Cód_asignatura</u>, Nota, Aula)

Ubicación (<u>Aula</u>, Lugar)

Asignatura (<u>Cód_asignatura</u>, Curso)

Propuestas de desnormalización:

En el caso de que al mostrar los datos del expediente de un alumno se precise conocer casi siempre el curso al que pertenece cada asignatura, y teniendo en cuenta que este dato cambiará con poca frecuencia, se podría proponer añadir el atributo *Curso* a la tabla *Expediente"* y eliminar la tabla *Asignatura*. Podríamos obrar de manera similar si al consultar el expediente de un alumno fuese necesario casi siempre conocer el lugar en el que recibe docencia: eliminaríamos en este caso la tabla *Ubicación* y colocaríamos el atributo *Lugar* en la tabla *Expediente"*.

## Empleados

Se proporciona una relación universal y las siguientes suposiciones semánticas:

Empleado (NumEmp, NSS, Sección, NumJefeSec, NumCurso, Tema)

Suposiciones semánticas:

- Cada empleado tiene un número único y un número de la Seguridad Social (NSS) único.

- Cada empleado trabaja en una única sección. Cada sección tiene un empleado jefe.

- Un empleado puede realizar varios cursos, cada uno de los cuales tiene un número que lo identifica y trata de un solo tema.

SOLUCIÓN:

En la relación universal, tomando como clave primaria *NumEmp*, se detecta un grupo repetitivo formado por los atributos *NumCurso* y *Tema* porque un empleado puede haber realizado varios cursos, cada uno de los cuales trata de un tema. El grupo repetitivo aparece subrayado:

Empleado (NumEmp, NSS, Sección, NumJefeSec, <u>NumCurso, Tema</u>)

Al haber un grupo repetitivo, la relación *Empleado* no se encuentra en 1FN, por lo que debemos pasarla a esta forma normal eliminando el grupo repetitivo indicado y creando una nueva relación con los atributos del grupo más la clave primaria de la relación original. El esquema relacional en 1FN queda de la siguiente forma:

Empleado' (<u>NumEmp</u>, NSS, Sección, NumJefeSec)

Estudios (<u>NumEmp, NumCurso</u>, Tema)

La relación *Empleado'* ya se encuentra en 2FN porque está en 1FN y su clave primaria consta de un solo atributo. Para que la relación *Estudios* se encuentre en 2FN es necesario que el único atributo no clave que presenta (*Tema*) dependa de la totalidad de la clave, es decir, que sea verdad la siguiente dependencia funcional total:

$$(NumEmp, NumCurso) \Rightarrow Tema$$

Y ocurre que esta dependencia no es verdad puesto que el tema de un curso solo depende del curso de que se trate y no de quien lo realice, es decir, se cumple la siguiente dependencia funcional:

$$NumCurso \rightarrow Tema$$

Por este motivo, la relación *Estudios* no está en 2FN. Para ponerla en 2FN hemos de eliminar de la relación *Estudios* el atributo *Tema* y crear una nueva relación con este atributo y aquel del que depende, que será la clave primaria. El esquema relacional en 2FN será el siguiente:

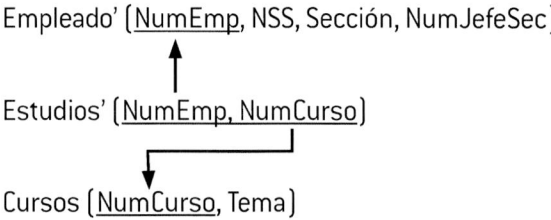

Empleado' (<u>NumEmp</u>, NSS, Sección, NumJefeSec)

Estudios' (<u>NumEmp, NumCurso</u>)

Cursos (<u>NumCurso</u>, Tema)

Las relaciones *Estudios'* y *Cursos* ya se encuentran en 3FN porque están en 2FN y tienen menos de dos atributos no clave. Sin embargo, *Empleado'* no se encuentra en 3FN porque presenta la siguiente dependencia funcional transitiva:

$$NumEmp \rightarrow Sección \nrightarrow NumJefeSec$$

Esto quiere decir que el atributo *NumJefeSec* no depende directamente de la clave *NumEmp*, sino del atributo *Sección*. Para pasar esta relación a 3FN hemos de eliminar de la relación *Empleado'* el atributo *NumJefeSec* y crear una nueva relación con él más el atributo del que depende. El esquema relacional en 3FN quedará como sigue:

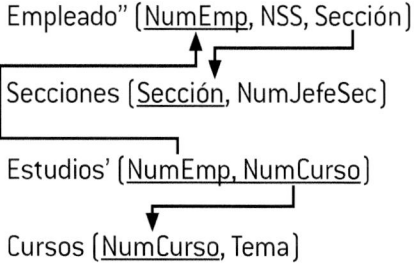

Empleado'' (<u>NumEmp</u>, NSS, Sección)

Secciones (<u>Sección</u>, NumJefeSec)

Estudios' (<u>NumEmp, NumCurso</u>)

Cursos (<u>NumCurso</u>, Tema)

Propuestas de desnormalización:

En el caso de que al mostrar los datos de un empleado sea necesario casi siempre conocer quién es el empleado jefe de su sección, y si el jefe de una sección no es un dato modificado muy frecuentemente, se puede proponer desnormalizar añadiendo el atributo *NumJefeSec* a la tabla *Empleado"* y eliminando la relación *Secciones*.

Si al mostrar la información sobre los cursos realizados por cada empleado es preciso conocer casi siempre el tema de que trata cada curso y si este dato no cambia con mucha frecuencia, se puede desnormalizar eliminando la tabla *Cursos* y añadiendo el atributo *Tema* a la tabla *Estudios'*.

## Capítulo 3: Descripción y aplicación del modelo Entidad-Relación para el modelado de datos

A continuación se van a proponer varios supuestos de modelización mediante diagramas E-R. Se va a proporcionar por cada supuesto un enunciado que describe el universo del discurso para el que se desea obtener el esquema Entidad-Relación. A continuación se explica cómo obtener el diagrama y se propone el esquema Entidad-Relación resultante. Además, se indica para cada diagrama E-R cómo obtener el esquema relacional resultante, aplicando las reglas de transformación estudiadas en el Apartado 3.3 del capítulo.

### Empleados y departamentos

En una empresa trabajan varios empleados, acerca de cada uno de los cuales es necesario almacenar en la base de datos un número que lo identifique, su nombre y apellidos, así como el salario y la comisión que cobra. Cada empleado trabaja en un único departamento, del que se necesita conocer su número, nombre y localidad en la que está ubicado. También es necesario guardar en la base de datos la relación jerárquica entre los empleados, es decir, para cada empleado es necesario conocer cuál es su jefe directo (solo uno) en caso de que lo tenga.

SOLUCIÓN:

Tenemos, por un lado, la entidad *Empleado* con atributos que incluyen su número, nombre y apellidos, salario y comisión. Como el número identifica a un empleado, seleccionaremos este atributo como atributo identificador principal (AIP). También precisamos la entidad *Departamento*, con atributos que hagan referencia a su número, nombre y localidad. Se entiende que si un departamento tiene un número, este será único, por lo que este atributo será su AIP.

Para saber por cada empleado el departamento en el que trabaja, creamos una relación entre *Empleado* y *Departamento*, llamada *trabaja*. La cardinalidad será (1,1) al lado de *Departamento*, porque sabemos que todo empleado trabaja siempre en un solo departamento (uno como mínimo y uno como máximo). La cardinalidad al lado de *Empleado* es (1,n) porque en un departamento trabajará como mínimo un empleado y varios como máximo.

Para almacenar la relación jerárquica entre los empleados y saber por cada empleado quién es su jefe directo, hemos de crear una relación reflexiva para la entidad *Empleado*. Se trata de una relación con tipo de correspondencia 1:N. En un sentido, esta relación nos proporcionará por cada empleado quién es su único jefe directo, si es que lo tiene; no lo tendrá si se trata del «jefe supremo» de la empresa [de ahí el 0 de la cardinalidad (0,1)]. La otra cardinalidad de esta relación es (0,n) porque puede ocurrir que un empleado no tenga ningún subordinado, en el caso de que no sea jefe de nadie, o que, en caso contrario, tenga varios subordinados.

El diagrama E-R que se propone es el siguiente:

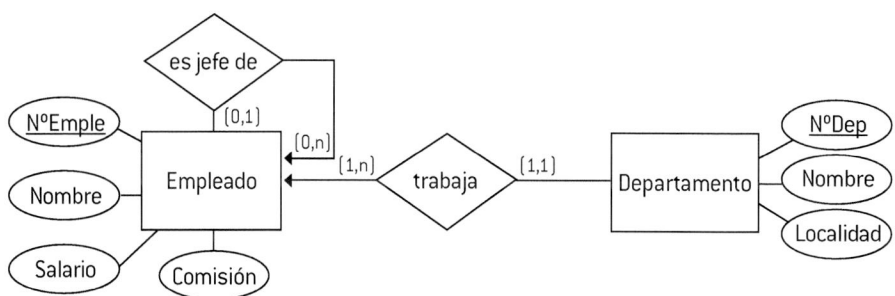

**Figura 2.** Diagrama Entidad-Relación para el supuesto 1.

Ahora, obtendremos el esquema relacional correspondiente. Como sabemos, cada entidad dará lugar a una relación, por lo que tendremos las relaciones *Empleado* y *Departamento* con los atributos correspondientes de las entidades. Ahora analicemos las relaciones existentes en el diagrama E-R:

- *Trabaja* es una relación con tipo de correspondencia 1:N. Estas relaciones generalmente dan lugar a que en la relación correspondiente a la cardinalidad N (*Empleado*) aparezca una clave ajena con el atributo clave primaria de la otra relación (*NºDep*). En este caso, así obraremos porque no se da ninguno de los casos por los cuales el método aplicable es crear una nueva tabla. Por tanto, creamos en *Empleado* una clave ajena con el atributo *NºDep* apuntando a *Departamento*.

- *Es jefe de* es una relación también de tipo 1:N, que dará lugar a que en *Empleado* aparezca una clave ajena a la clave primaria y que referencia al jefe del empleado en cuestión.

El esquema relacional resultante es el siguiente:

Empleado (<u>NºEmple</u>, Nombre, Salario, Comisión, NºEmpleJefe, NºDep)

Departamento (<u>NºDep</u>, Nombre, Localidad)

## Componentes de vehículos

Se desea crear una base de datos para el departamento de producción de una compañía fabricante de vehículos. Todo vehículo se fabrica ensamblando una serie de componentes o piezas. Los componentes más complicados se fabrican ensamblando entre sí componentes más sencillos. Los componentes más sencillos se fabrican en base a materias primas.

Un componente básico puede utilizar más de un artículo de materia prima, y una materia prima puede ser necesaria en más de un componente básico. La compañía no utiliza dos proveedores para la misma materia prima, pero cualquier proveedor puede suministrar más de una materia prima.

Todo componente y toda materia prima tienen un identificador y un nombre. El mismo componente puede aparecer como componente subordinado de algunos componentes y como componente superior de otros. Es necesario conocer el número de unidades de cada componente subordinado de que consta cada componente superior.

Algunas de las consultas más habituales serán las siguientes:

- Dado un proveedor, obtener qué materias primas suministra y a qué componentes afectan las mismas.
- Conocer los componentes cuyas existencias sean inferiores al *stock* mínimo.
- Información detallada de todos los componentes inmediatamente subordinados e inmediatamente superiores a uno concreto.

SOLUCIÓN:

Hay que crear una entidad *Componente*, inicialmente con los atributos identificador (*IdComp*) y nombre (*NomComp*). Al haber un atributo llamado identificador, es el que pondremos como AIP. Necesitamos crear la entidad *MateriaPrima* con idénticos atributos. Es preciso también definir la entidad *Proveedor*. El enunciado no nos indica atributos, pero podemos poner como atributos de esta entidad, un código (AIP), nombre, dirección y teléfono.

Es necesario establecer una relación entre *Componente* y *MateriaPrima*, relación que llamamos «*se fabrica con*». En el enunciado se mencionan dos tipos de componentes: componentes básicos (aquellos que no se subdividen en más componentes) y los demás (aquellos que tienen componentes subordinados). Sin embargo, no tienen atributos distintos ni relaciones específicas, por lo que con una sola entidad *Componente* es suficiente. Un componente se fabricará con cero materias primas (si no es un componente básico) o con varias (si es básico): de ahí la cardinalidad (0,n). Consideramos que en la base de datos solo se almacenarán las relaciones directas entre componentes y materias primas, es decir, por cada componente se almacenarán los subcomponentes de que consta, pero no directamente las materias primas de que constan sus subcomponentes; estas materias primas se podrán conocer al consultar la composición de sus componentes básicos. La otra cardinalidad de esta relación será (1,n) puesto que una materia prima podrá participar en la composición de uno o más componentes básicos.

Se debe establecer una relación entre *Proveedor* y *MateriaPrima*. Como el enunciado nos indica que no se utilizan dos proveedores para la misma materia prima, se entiende que cada materia prima la suministra un único proveedor: de ahí la cardinalidad (1,1). Por otro lado, un proveedor podrá suministrar una o muchas materias primas.

Para conocer los componentes subordinados de que consta cada componente superior, y viceversa, es necesario establecer una relación reflexiva para la entidad *Componente*. Esta relación la podemos leer de las dos maneras siguientes:

- En un sentido nos indica de cuántos componentes subordinados consta cada componente. Puede ocurrir que un componente no se pueda dividir en ningún componente subordinado si no se puede descomponer en partes (cardinalidad mínima cero), o bien puede ocurrir que se pueda dividir en varios componentes subordinados (cardinalidad máxima n).

- En el otro sentido nos indica por cada componente en cuántos componentes de nivel superior aparece como componente subordinado. Pues bien, puede ocurrir que un componente no forme parte de ningún componente mayor que él (cardinalidad mínima 0) o que aparezca como componente subordinado de varios componentes mayores que él (cardinalidad máxima n).

El enunciado nos indica que es necesario conocer el número de unidades de cada componente subordinado de que consta cada componente. Esto quiere decir que, por ejemplo, necesitamos saber para el componente superior llamado vehículo X:

- De cuántos motores consta (1), siendo motor un componente subordinado de vehículo X.
- De cuántas ruedas consta (4, sin contar la de repuesto), siendo rueda un componente subordinado de vehículo X.

Pues bien, para conseguir almacenar estos números (1 y 4 en este caso) debemos añadir un atributo a la relación reflexiva *se compone de*. Este atributo, al que podemos llamar cant, nos indica por cada par componente superior—componente subordinado, cuántas unidades de componente subordinado contiene cada componente superior.

Para saber si un diagrama Entidad-Relación es válido para dar respuesta a las consultas indicadas, hemos de ver si disponemos de los atributos y de las relaciones necesarias.

En relación con la primera consulta, sí es posible satisfacerla porque existe una relación entre *Proveedor* y *MateriaPrima* que nos indica qué materias primas suministra cada proveedor. También es posible saber a qué componentes afectan dichas materias primas por la existencia de una interrelación entre *MateriaPrima* y *Componente*.

Para dar respuesta a la segunda consulta es necesario añadir a nuestro diagrama Entidad-Relación dos atributos a la entidad *Componente*: uno que haga referencia a las existencias o stock (*StockComp*) y otro al stock mínimo (*StockMinComp*).

Para responder a la tercera consulta se dispone de la relación reflexiva «se compone de».

El diagrama E-R que se propone es el siguiente:

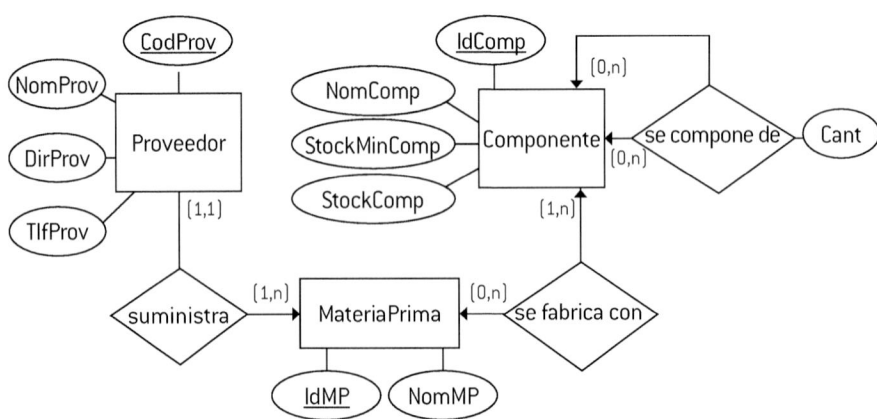

**Figura 3.** Diagrama Entidad-Relación para el supuesto 2.

Pasaremos a continuación del esquema E-R al esquema relacional correspondiente. Comenzaremos creando una relación por cada entidad.

Analicemos a continuación cada relación:

- Por la relación 1:N entre *Proveedor* y *MateriaPrima* deberemos asignar a la entidad de la parte N (*MateriaPrima*) una clave ajena que apunte a la clave primaria de *Proveedor* (*CodProv*) para conocer el proveedor que suministra cada materia prima.

- Por la relación N:M entre *Componente* y *MateriaPrima* deberemos crear una nueva relación, que podemos llamar *Fabricación*, que contendrá dos claves ajenas apuntando a la clave primaria de cada entidad relacionada.

- Por la relación reflexiva N:M que afecta a la entidad *Componente*, deberemos crear una nueva relación con dos claves ajenas, cada una de ellas apuntando a la clave primaria de *Componente*. Llamaremos a las dos claves ajenas de manera diferente para distinguir entre el componente superior (el contenedor) y el inferior (el contenido). Esta relación además contendrá el atributo *cant* propio de la relación.

El esquema relacional resultante quedará como sigue:

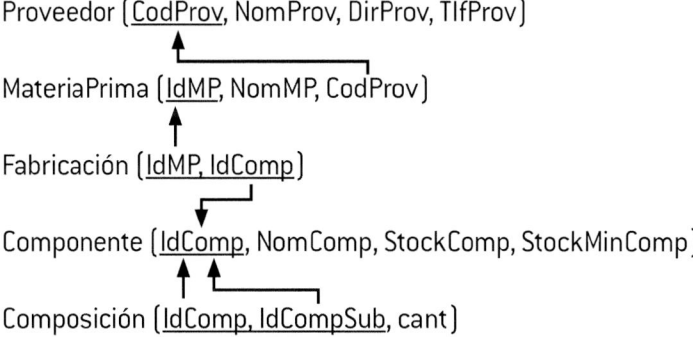

Proveedor (<u>CodProv</u>, NomProv, DirProv, TlfProv)

MateriaPrima (<u>IdMP</u>, NomMP, CodProv)

Fabricación (<u>IdMP, IdComp</u>)

Componente (<u>IdComp</u>, NomComp, StockComp, StockMinComp)

Composición (<u>IdComp, IdCompSub</u>, cant)

## Entidad bancaria

(Silberschatz, Korth y Sudarshan, 2002) Un banco está organizado en sucursales. Cada sucursal está ubicada en una ciudad concreta y se identifica con un nombre único. El banco supervisa los activos de cada sucursal.

Los clientes del banco se identifican mediante su valor de IdCli. El banco almacena cada nombre de cliente y la calle y la ciudad donde vive cada cliente. Los clientes pueden tener cuentas y pueden solicitar préstamos. Cada cliente puede estar asociado con un empleado del banco concreto, que puede actuar como responsable de préstamos o como asesor personal de ese cliente.

Los empleados del banco se identifican mediante su valor de IdEmp. La administración del banco almacena el nombre y el número de teléfono de cada empleado, el nombre de los subordinados de cada empleado y el número IdEmp del jefe directo de cada empleado. El banco también mantiene un registro de la fecha de incorporación a la empresa del empleado y, por tanto, de su antigüedad.

El banco ofrece dos tipos de cuentas: cuentas corrientes y cuentas de ahorro. Las cuentas pueden tener como titular a más de un cliente, y cada cliente puede tener más de una cuenta. Cada cuenta tiene asignado un número de cuenta único. El banco mantiene un registro del saldo de cada cuenta y de la fecha más reciente en que cada titular de la cuenta tuvo acceso a esa cuenta. Además, cada cuenta de ahorro tiene un tipo de interés y para cada cuenta corriente se registra el último descubierto generado.

Cada préstamo se genera en una sucursal concreta y pueden solicitarlo uno o más clientes. Cada préstamo se identifica mediante un número de préstamo único. Para cada préstamo el banco mantiene un registro del importe del préstamo y de los pagos realizados y pendientes. Aunque los números de los pagos del préstamo no identifican de forma unívoca cada pago entre los de todos los préstamos del banco, el número de pago sí que identifica cada pago de un préstamo concreto. De cada pago se registra la fecha, el importe y si está o no pendiente de pago.


SOLUCIÓN:

Comenzaremos creando la entidad *Sucursal* con sus atributos nombre (*NomSuc*) y ciudad (*CiuSuc*). Como el nombre es único, consideraremos a este atributo el AIP. Otra entidad será *Cliente* y tendrá los atributos que indica el enunciado. Crearemos también la entidad *Empleado*, con los atributos *IdEmp* (AIP) y los que hacen referencia al nombre, teléfono y fecha de ingreso. El enunciado nos indica que se deben almacenar los nombres de los subordinados de cada empleado y su jefe directo, pero una ocurrencia de una entidad (un empleado en este caso) no puede tener atributos con valores múltiples (los nombres de sus subordinados). Además, la información acerca de la relación jerárquica entre los empleados es posible proporcionarla estableciendo una relación reflexiva para la entidad *Empleado*, exactamente igual que la del primer supuesto.

Se debe crear una entidad *Cuenta*. Como atributos de *Cuenta* pondremos el número de cuenta (AIP), su saldo y su tipo. Este último dato se incluye porque el enunciado habla de dos tipos de cuentas, que además tienen atributos específicos (cuentas corrientes y cuentas de ahorro). Por este motivo, es conveniente crear una jerarquía de tipos y subtipos. Cada uno de los subtipos tiene un atributo propio. Vamos a suponer que el banco solo puede ofrecer los dos tipos de cuentas indicadas (cuentas corrientes y de ahorro), en cuyo caso la jerarquía es completa, lo que se debe representar mediante el círculo que se muestra debajo del supertipo *Cuenta*. Por otro lado, la jerarquía es exclusiva porque una cuenta solo puede ser corriente o de ahorro, no ambas cosas a la vez, lo que se representa mediante un arco.

Es preciso establecer una relación entre *Cuenta* y *Cliente* para saber los clientes titulares de cada cuenta. Se trata de una relación con tipo de correspondencia N:M y cardinalidades fácilmente deducibles. Para saber la fecha más reciente en la que cada titular accedió a cada cuenta, precisamos de un atributo en la relación «es titular», pues este atributo nos indica por cada par cuenta-cliente titular la fecha del último acceso. Este atributo no lo podemos colocar en la entidad *Cuenta* porque para una cuenta puede haber varios titulares y cada uno de ellos tendrá su propia fecha de último acceso. Tampoco podemos colocar este atributo en la entidad *Cliente* porque un cliente puede ser titular de varias cuentas y para cada una de ellas puede tener una última fecha de acceso diferente. Por estos motivos, el atributo se debe colocar en la relación que vincula a las dos entidades.

Debemos crear una relación entre *Cliente* y *Empleado* para reflejar qué empleado asesora a cada cliente. Un cliente puede o no tener empleado asesor, por lo que ponemos la cardinalidad (0,1) al lado de *Empleado*. Por su parte, un empleado puede asesorar a ninguno o a muchos clientes, lo que origina en el otro extremo la cardinalidad (0,n). Para saber el tipo de asesoramiento que proporciona el empleado al cliente (responsable de préstamos o asesor personal) precisamos de un atributo, que llamamos *TipoAsesor*, el cual se puede colocar en la relación o bien en la entidad *Cliente* porque todo cliente tiene un solo empleado que lo asesora, en caso de que lo tenga.

Necesitamos también la entidad *Préstamo*, que tendrá dos atributos fácilmente deducibles a partir del enunciado. Es preciso crear una entidad débil, que llamamos *Pago*, dependiente de la entidad regular *Préstamo*. Se trata de una entidad débil porque un pago de un préstamo solo tiene sentido que esté en la base de datos si está almacenado el préstamo correspondiente y, si desaparece un préstamo, desaparecerán conjuntamente con él todos sus pagos. La relación existente entre *Préstamo* y *Pago* debe ser una dependencia en identificaciónporque, aunque cada pago tiene como atributo un número de pago, este no es único a nivel de todos los pagos existentes en la base de datos, sino que solo es único a nivel de préstamo. Por este motivo, para identificar cada pago, precisaremos además del atributo número de pago, del AIP de la entidad regular de la que depende, es decir, del atributo número de préstamo.

Para saber en qué sucursal se ha generado cada préstamo es preciso establecer una relación entre *Préstamo* y *Sucursal*.

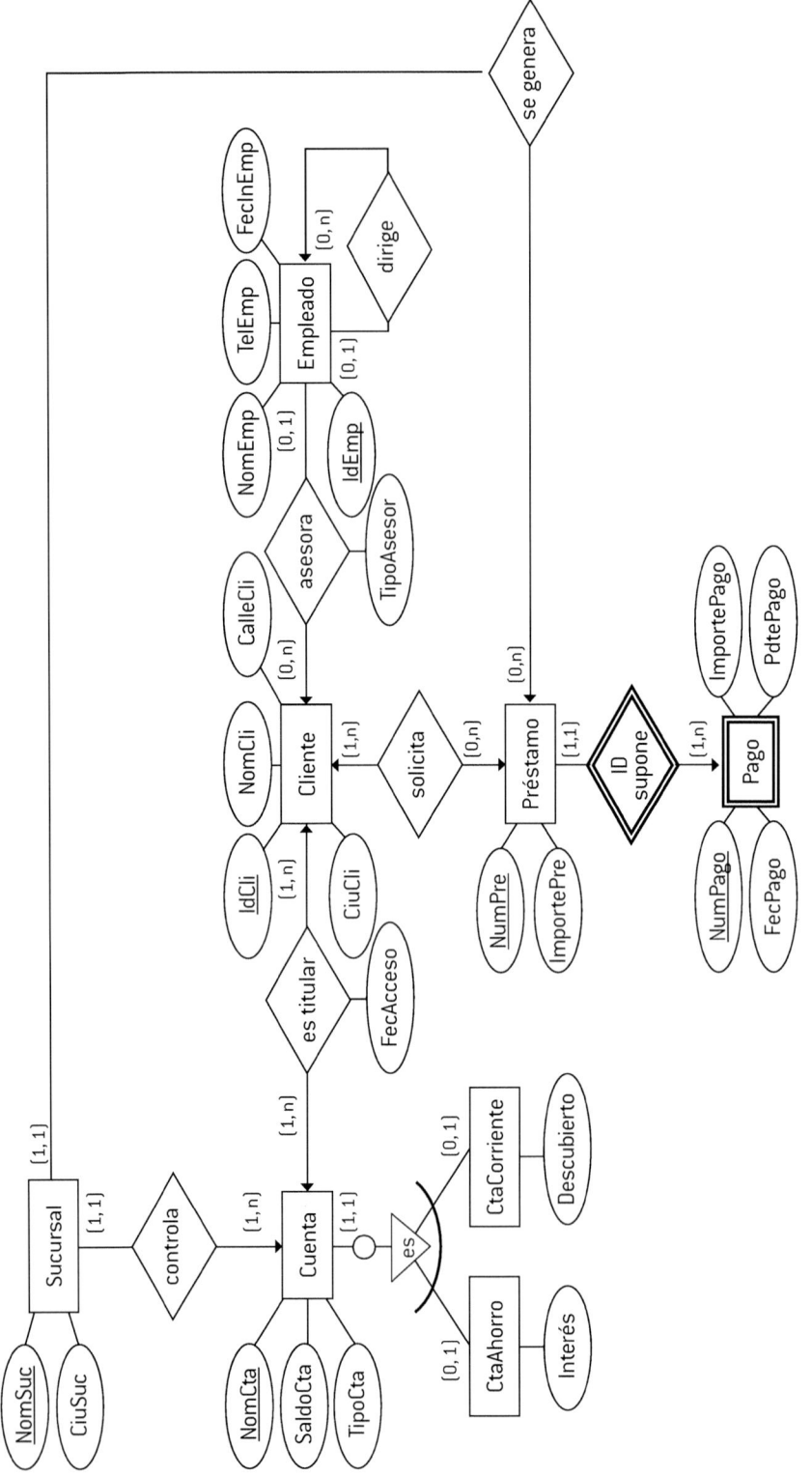

**Figura 4.** Diagrama Entidad-Relación para el supuesto 3.

Ahora veamos cómo obtener el esquema relacional correspondiente. Pues bien, comenzaremos creando una relación o tabla por cada entidad. En cuanto a las relaciones del diagrama E-R:

- Las relaciones 1:N entre *Sucursal* y *Cuenta*, *Sucursal* y *Préstamo* y la relación reflexiva de *Empleado* se tratarán de la forma más habitual, es decir, creando en la parte N una clave ajena a la parte 1.

- La dependencia en identificación entre *Préstamo* y *Pago* se tratará también como las relaciones 1:N anteriores, pero la clave ajena *NumPre* en *Pago* también formará parte de la clave primaria de *Pago*.

- Las relación N:M entre *Cuenta* y *Cliente* y entre *Cliente* y *Préstamo* originarán nuevas relaciones, como siempre en estos casos.

- En cuanto a la relación 1:N entre *Cliente* y *Empleado*, como la cardinalidad en el lado 1 es (0,1) y puede ocurrir que en bastantes casos un cliente no tenga ningún empleado que lo asesore, lo más conveniente puede ser crear una nueva relación, que podemos llamar *Asesora*, que tendrá una clave ajena por cada una de las entidades relacionadas y el atributo de la relación (*TipoAsesor*). La clave primaria de esta nueva relación será *IdCli* (parte N).

- En cuanto a la jerarquía existente en el diagrama que tiene como supertipo a la entidad *Cuenta*, como en este caso los subtipos tienen pocos atributos propios, no tienen relaciones propias y la jerarquía es total, optaremos por crear una sola tabla que abarque todos los atributos del supertipo y los subtipos.

El esquema relacional resultante queda como sigue:

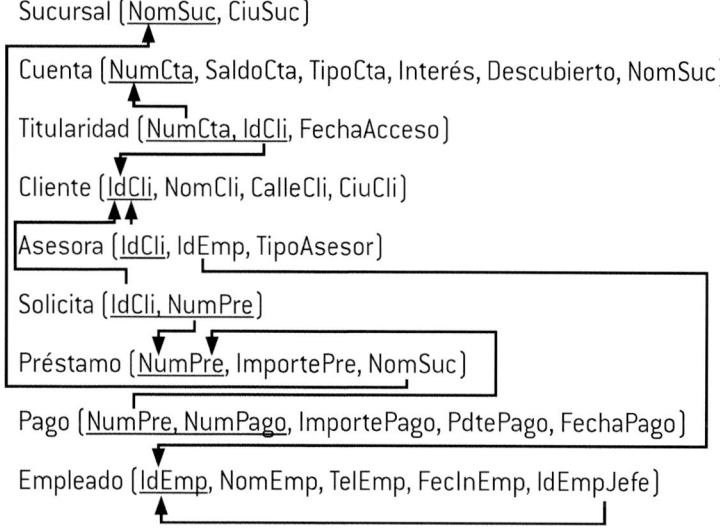

Sucursal (<u>NomSuc</u>, CiuSuc)

Cuenta (<u>NumCta</u>, SaldoCta, TipoCta, Interés, Descubierto, NomSuc)

Titularidad (<u>NumCta, IdCli</u>, FechaAcceso)

Cliente (<u>IdCli</u>, NomCli, CalleCli, CiuCli)

Asesora (<u>IdCli</u>, IdEmp, TipoAsesor)

Solicita (<u>IdCli, NumPre</u>)

Préstamo (<u>NumPre</u>, ImportePre, NomSuc)

Pago (<u>NumPre, NumPago</u>, ImportePago, PdtePago, FechaPago)

Empleado (<u>IdEmp</u>, NomEmp, TelEmp, FecInEmp, IdEmpJefe)

# Capítulo 4: Modelo orientado a objeto

A continuación se van a proponer varios supuestos de modelización mediante diagramas de clases. Se va a proporcionar por cada supuesto un enunciado que describe el universo del discurso para el que se desea obtener el diagrama de clases. En aquellos supuestos en los que se piden métodos para las clases, no se incluyen en la solución métodos constructores, destructores, ni métodos de acceso al valor de un atributo, ni métodos de modificación del valor de un atributo.

Para cada supuesto se explica cómo obtener el diagrama y se propone una posible solución.

## Reservas de vehículos

Se desea diseñar un diagrama de clases sin métodos sobre la información de las reservas de una empresa dedicada al alquiler de automóviles, teniendo en cuenta lo siguiente:

- Un determinado cliente puede tener en un momento dado hechas varias reservas.
- De cada cliente se desea almacenar su DNI, nombre, dirección y teléfono. Además, dos clientes se diferencian por un código único.
- Cada cliente puede ser avalado por otro cliente de la empresa. Un cliente puede avalar a varios.
- Una reserva la realiza un único cliente, pero puede involucrar varios coches.
- Es importante registrar la fecha de inicio y fin de la reserva, el precio de alquiler de cada uno de los coches, los litros de gasolina en el momento de realizar la reserva, el precio total de la reserva y un indicador que informe acerca de si cada coche ha sido entregado o no.
- Todo coche tiene siempre asignado un determinado garaje que no puede cambiar. De cada coche se requiere su matrícula, modelo, color y marca.
- Cada reserva se realiza en una determinada agencia. De cada agencia se requiere registrar su nombre y dirección.
- Sobre cada garaje es necesario conocer su código único, ubicación y capacidad o número máximo de coches que caben en el garaje.

SOLUCIÓN:

Hemos de comenzar creando la clase *Cliente* con los atributos que se indican en el enunciado (código, nombre, DNI, dirección y teléfono). Como se nos indica que cada cliente puede ser avalado por otro de la empresa, esta información la hemos de reflejar mediante una relación reflexiva que refleje el hecho de que un cliente puede tener cero o un clientes que lo avalen (rol avalista) y que un cliente puede ser aval de cero o varios clientes (rol aval).

Debemos crear la clase *Reserva*, cuyos atributos serán la fecha de inicio, la de fin y su precio total. Para conocer qué cliente ha realizado cada reserva, relacionaremos *Cliente* con *Reserva*.

Debemos crear la clase *Coche* con los atributos prescritos en el enunciado. Es preciso conocer los coches involucrados en cada reserva, por lo que deberemos crear una asociación entre estas dos clases. Sobre cada coche involucrado en cada reserva también será necesario registrar información, como el precio de alquiler de cada coche, los litros de gasolina en el momento de realizar la reserva y el indicador que sirve para saber si el coche ha sido entregado o no. Por este motivo, hemos de crear una clase asociativa para la asociación entre *Reserva* y *Coche*, la cual contendrá los atributos indicados. A esta clase asociativa la podemos llamar *LíneaReserva* porque hace referencia a la parte de una reserva correspondiente a cada coche alquilado.

Necesitamos crear la clase *Agencia* con los atributos que nos indica el enunciado y es necesario relacionar esta clase con *Reserva* para conocer en qué agencia (una sola) se ha llevado a cabo cada reserva.

Otra clase que es preciso crear es *Garaje*, con atributos claramente deducibles a partir del enunciado. Es necesario conocer en qué garaje se aparca cada coche, motivo por el cual es necesario establecer una asociación entre *Coche* y *Garaje*.

El diagrama de clases propuesto aparece en la Figura 5.

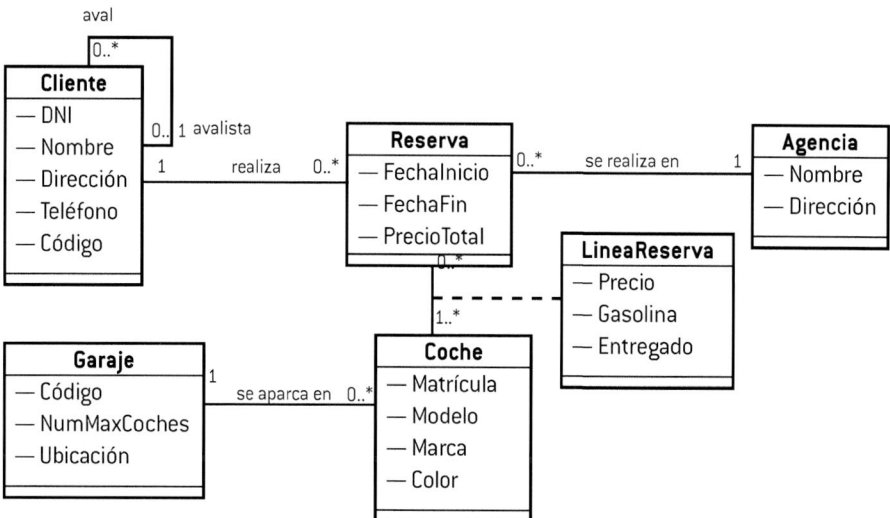

**Figura 5:** Diagrama de clases para reservas de vehículos.

## Sistema de monitorización de sensores

Se desea crear un diagrama de clases con métodos para un sistema de monitorización de sensores. Este sistema monitoriza sensores y sensores críticos, y también informa sobre posibles problemas.

A cada sensor lo describe su fabricante y número de modelo, secuencia de iniciación (que se envía al sensor para iniciarlo), factor de escala y unidad de medida, intervalo de muestreo, ubicación, estado (*on, off,* en reserva), valor actual y umbral de alarma.

Los sensores están instalados en edificios. El sistema hace un seguimiento de los sensores de cada edificio. De cada edificio se conoce su dirección y el número de contacto en caso de emergencia.

Además, los sensores críticos tienen una característica especial, que es su tolerancia (tolerancia del intervalo de muestreo).

El sistema activa determinados dispositivos de alarma siempre que se supera el umbral de un sensor. Los dispositivos de alarma tienen dos características de las cuales depende su funcionamiento: el estado del dispositivo y la duración de la señal de alarma.

El sistema registra información de la fecha, hora, severidad, tiempo de reparación y estado de cada suceso de alarma.

Las actividades contempladas son el mantenimiento de los sensores de los edificios y los dispositivos de alarma. Cuando un sensor se inicia, comienza la monitorización hasta que se apaga: cada intervalo de muestreo toma una muestra, la convierte aplicando el factor de escala y unidad de medida y la compara con el umbral. Si el umbral se iguala o supera, se crea un suceso de alarma y se activa el dispositivo correspondiente.

SOLUCIÓN:

Comenzaremos creando la clase *Sensor*, con los atributos que vienen especificados en el segundo párrafo del enunciado. Existe un tipo especial de sensores, que son los sensores críticos. Estos también son sensores, pero tienen una característica que los diferencia con respecto al resto de sensores, que es su tolerancia. Por este motivo, crearemos una subclase para la clase *Sensor*, llamada *Sensor-Crítico* con el atributo *Tolerancia*. Debido a la herencia, todo sensor crítico tendrá además de su atributo específico, *Tolerancia*, todos los atributos de su superclase *Sensor*.

Crearemos la clase *Edificio* porque es necesario conocer por cada sensor en qué edificio se encuentra. Por este motivo, estableceremos una asociación entre *Sensor* y *Edificio*.

Cada vez que se supera el umbral de un sensor, se produce lo que se llama un suceso de alarma. Crearemos una clase para estos sucesos. Por cada suceso de alarma registraremos su fecha, hora, severidad, tiempo de reparación y estado. Por cada sensor se pueden producir ninguno, uno o varios sucesos de alarma, algo que reflejaremos estableciendo una asociación entre las clases *Sensor* y *SucesoAlarma*.

Un suceso de alarma implica la activación de un dispositivo de alarma. Crearemos la clase *DispositivoAlarma* con los atributos *Estado* y *DuraciónAlarma*. Para conocer por cada alarma qué suceso/s de alarma ha/n provocado su activación, estableceremos una asociación entre *SucesoAlarma* y *DispositivoAlarma*.

En cuanto a los métodos, solo se ha indicado su nombre. Se ha creado conveniente asignar a la clase *Sensor* el método *Iniciar()*, que se invocará cuando se desee que el sensor comience a funcionar. También se ha creado el método *Monitorizar()*, que obtiene el valor actual del sensor y tras realizar determinadas operaciones, lo comprara con el umbral, de manera que si el valor actual no se encuentra dentro del umbral, se producirá un suceso de alarma, que a su vez activará un dispositivo de alarma, motivo por el cual se ha asignado el método *Activar()* a la clase *DispositivoAlarma*.

El diagrama de clases que se propone es el que aparece en la Figura 6.

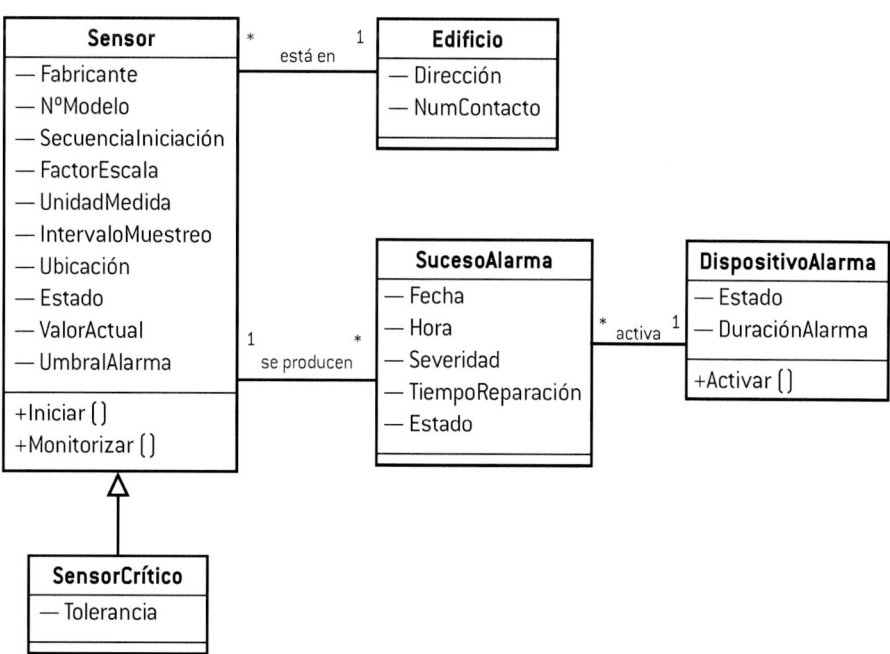

**Figura 6.** Diagrama de clases para sistema de monitorización de sensores.

## Empresa de formación en informática

El responsable de una empresa dedicada a la formación en informática, a primeros de año, actualiza la lista de seminarios que la empresa es capaz de impartir. El registro de un nuevo seminario implica conocer su código, nombre, descripción de contenidos y duración, e implica la creación de sus prerrequisitos (que son los otros seminarios que hay que haber cursado previamente). Además, se debe crear obligatoriamente al menos una edición del nuevo seminario, cuya información es el código del seminario, la fecha de comienzo de la edición, su estado (inicialmente pendiente), el número de plazas máximo y el número mínimo de asistentes. Obviamente, como un seminario puede impartirse varias veces a lo largo del año, se deben poder crear nuevas ediciones tanto de seminarios nuevos como de seminarios ya existentes siempre que el responsable de formación lo desee. También se permite la eliminación de un seminario obsoleto, lo que implica eliminar todos sus detalles: prerrequisitos y ediciones.

Cuando un asistente envía una petición de reserva para una edición de un seminario determinado, se deberán realizar dos verificaciones. En primer lugar, el secretario comprobará que se cumplen los prerrequisitos del seminario, consultando la lista de prerrequisitos del seminario y la lista de seminarios realizados por el asistente. En segundo lugar, comprobará que hay plazas libres en dicha edición (es decir, que el número de reservas recibidas es inferior al número de plazas máximo). En caso de que falle alguna de las comprobaciones, se enviará una nota de denegación de reserva al asistente. En caso contrario, se registrará la reserva anotando la fecha de esta y se enviará una nota de confirmación (considérese, además, que si el asistente es nuevo deberá proporcionar además de su nombre y DNI, el nombre y dirección completa de su empresa).

Existen dos posibles envíos a los asistentes: el catálogo de seminarios factibles y la documentación de un seminario. Cualquier asistente puede solicitar, sin compromiso alguno, un catálogo personalizado de seminarios que puede cursar junto a la lista de los que ya ha cursado. Para ello, simplemente se obtiene la lista de seminarios realizados y se obtienen aquellos cuyos prerrequisitos se cumplen con dicha lista, elaborándose así el catálogo que se envía al asistente (para cada seminario, código de seminario, nombre y descripción de contenidos).

Por otra parte, semanalmente el secretario revisa todas las ediciones que se van a celebrar en la siguiente quincena. En aquellas en las que el número de reservas sea inferior al número mínimo de asistentes, se deberá enviar un mensaje de cancelación a los asistentes, además de marcar la edición como cancelada. Si el número de reservas es superior al número mínimo de asistentes, la edición se marca como confirmada y se enviará la documentación del seminario, junto al nombre y descripción de contenidos del mismo a todos los asistentes.

SOLUCIÓN:

Comenzaremos creando la clase *Seminario*, con los atributos código, nombre, contenidos y duración. Para reflejar los prerrequisitos de un seminario, deberemos crear una asociación reflexiva que refleja el hecho de que un seminario puede tener cero o varios prerrequisitos y que un seminario puede ser prerrequisito de ninguno o de varios seminarios.

Para las ediciones de los seminarios crearemos otra clase, *Edición*, que tendrá como atributos la fecha de comienzo, el estado y el número mínimo y máximo de plazas. Es necesario establecer una asociación entre *Seminario* y *Edición*. Se trata en este caso de una agregación porque un seminario está formado por un conjunto de ediciones. Si el tiempo de vida de todas las ediciones de un seminario coincidiese con el del seminario, lo podríamos considerar una composición, pero no es así porque se pueden crear ediciones en distintos momentos a lo largo de la vida de un seminario. No pondremos como atributo de la clase *Edición* el código del seminario porque es información que se obtendrá a través de la agregación establecida.

Se crea también la clase *Asistente* con los datos de interés de las personas asistentes a los seminarios (DNI y nombre). Para almacenar el nombre y dirección de la empresa en la que trabaja el asistente, se crea una clase *Empresa*, que se asocia convenientemente con *Asistente*.

Es necesario registrar las reservas de plaza a ediciones realizadas por parte de los asistentes. Para ello se crea una asociación entre *Asistente* y *Edición*. Por cada edición reservada por un asistente es necesario registrar la fecha de la edición, motivo por el cual se ha creado una clase asociativa *Reserva* con el atributo *Fecha*.

Para aceptar la petición de reserva de un asistente a una edición de un seminario, una de las comprobaciones que hay que realizar es si el asistente ha cursado los seminarios que son prerrequisitos del que desea cursar. Por este motivo, es necesario registrar en el sistema los seminarios cursados por cada asistente, algo que se consigue estableciendo una asociación (que se ha llamado «ha cursado») entre las clases *Asistente* y *Seminario*.

Veamos qué métodos precisamos. En primer lugar, para la actualización de la lista de seminarios solo se requieren métodos constructores y destructores para las clases *Seminario* y *Edición*, por lo que para este menester no pondremos ningún método en nuestro diagrama de clases.

En *Asistente* pondremos el método *SolicitarReserva()* para que se inicie el proceso que es necesario llevar a cabo cada vez que un asistente quiere realizar la reserva de plaza en una edición de un seminario. Para llevar a cabo este proceso será preciso obtener los seminarios prerrequisitos de aquel en el que se quiere matricular el asistente. Para este fin asignamos el método *ObtenerPrerrequisitos()* a la clase *Seminario*. Una vez obtenidos los prerrequisitos del seminario, es necesario saber si esos seminarios prerrequisitos ya los ha cursado el asistente. Para ello, asignamos el método *ObtenerSemCursados()* a la clase *Asistente*. El método *SolicitarReserva()* de *Asistente* comprobará si los seminarios cursados por el asistente coinciden con los prerrequisitos del seminario al que se desea apuntar. Además, hay que comprobar si hay plazas libres en la edición, para lo que asignamos el método *ComprobarPlazasLibres()* a *Edición*. Para ello, es necesario saber cuántas reservas hay para la edición, motivo por el cual crearemos el método *ObtenerNumReservas()* en *Edición*. Si el asistente no cumple los prerrequisitos del seminario y/o no hay plazas libres en la edición, se denegará la reserva y, en caso contrario, se creará un objeto de la clase *Reserva* y se llamará al método *EnviarNotaConfirmación()* de esta misma clase.

Veamos a continuación qué métodos requerimos para responder a la solicitud de un catálogo realizada por un asistente. En primer lugar, asignaremos el método *SolicitarCatálogo()* a la clase *Asistente*. Para generar el catálogo es necesario primeramente conocer los seminarios cursados por el asistente y ya hemos asignado a la clase *Asistente* un método para tal fin. En segundo lugar, es necesario conocer los seminarios que puede cursar, algo que se obtendrá a través del método *ObtenerSemFactibles()*, y que serán aquellos seminarios cuyos prerrequisitos ya haya cursado. Ya hemos asignado un método para conocer a partir de un seminario qué prerrequisitos tiene; por ello, no necesitamos añadir ningún método más al diagrama de clases.

Veamos ya, para finalizar, los métodos que es necesario añadir para realizar el proceso de revisión de ediciones. En primer lugar, asignamos a la clase *Edición* el método *RevisarEdición()*. Para determinar si la edición de un seminario se va a celebrar, necesitamos saber si se ha cubierto el número mínimo de plazas de la edición, algo que haremos por medio del método *ComprobarPlazasCubiertas()*. Para ello, a su vez, es necesario conocer cuántas reservas hay para la edición. Para esto usamos el método *ObtenerNumReservas()* ya creado anteriormente. Después hay que comparar el número de reservas con el número mínimo de plazas (atributo de la clase *Edición*). Si el número de reservas es inferior al número de reservas (comprobación que se realizará en el método *RevisarEdición()*), se envía un mensaje de cancelación de reserva a los asistentes por medio del método *EnviarDenegaciónReserva()* y se marca la edición como cancelada (método *CancelarEdición()*). Si, por el contrario, la edición se va a celebrar, se confirma la edición (método *ConfirmarEdición()*) y se envía la documentación del seminario a los asistentes. Para esto último, asignamos el método *GenerarDocumentación()* a la clase *Seminario*.

El diagrama de clases que se propone es el que aparece en la Figura 7.

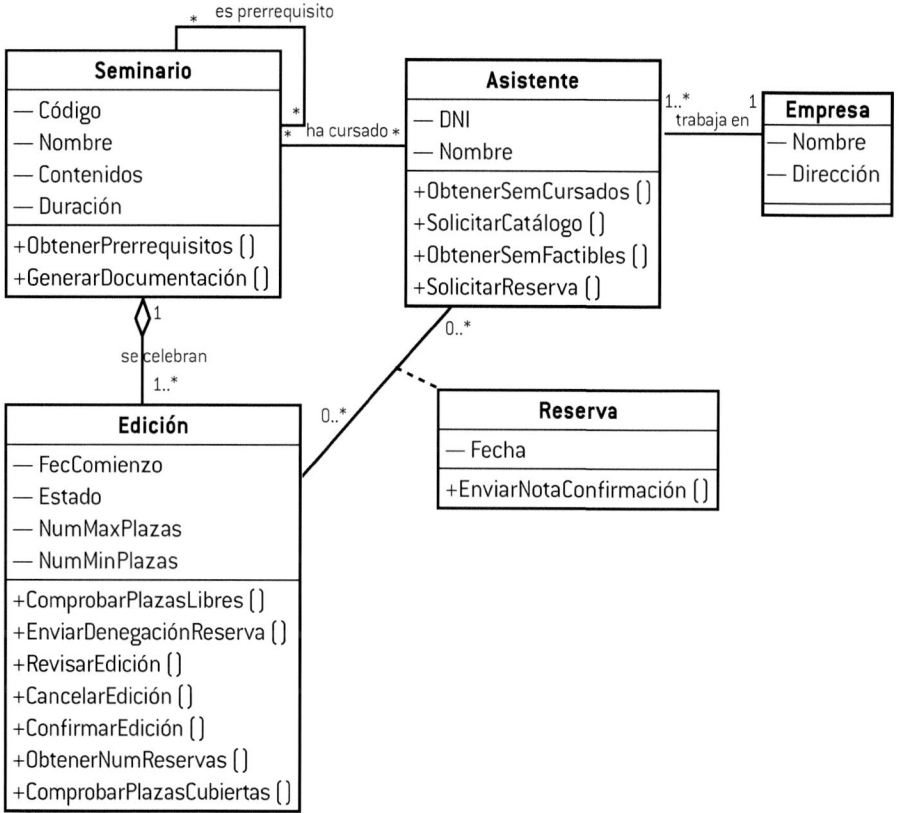

**Figura 7.** Diagrama de clases para empresa de formación en informática.

# Ejercicios propuestos

A continuación se proponen los enunciados de varios ejercicios sobre los Capítulos 2, 3 y 4. Las soluciones de los mismos son accesibles vía web en www.paraninfo.es

# Capítulo 2: Análisis del modelo relacional y los elementos que lo integran

1. Se proporciona el siguiente esquema relacional como el que aparece en el Apartado 2.7 del libro:

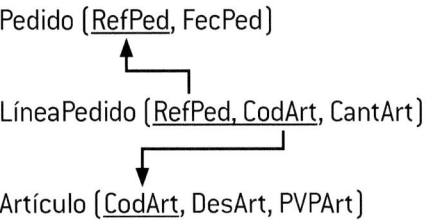

Pedido (<u>RefPed</u>, FecPed)

LíneaPedido (<u>RefPed, CodArt</u>, CantArt)

Artículo (<u>CodArt</u>, DesArt, PVPArt)

Con los siguientes datos:

**Pedido**

| RefPed | FecPed |
|--------|------------|
| P0001 | 16/02/2025 |
| P0002 | 18/02/2025 |
| P0003 | 23/02/2025 |
| P0004 | 25/02/2025 |

**LíneaPedido**

| RefPed | CodArt | CantArt |
|--------|--------|---------|
| P0001 | A0043 | 10 |
| P0001 | A0078 | 12 |
| P0002 | A0043 | 5 |
| P0003 | A0075 | 20 |
| P0004 | A0012 | 15 |
| P0004 | A0043 | 5 |
| P0004 | A0089 | 50 |

**Artículo**

| CodArt | DesArt | PVPArt |
|--------|----------------------|--------|
| A0043 | Bolígrafo azul fino | 0,78 |
| A0078 | Bolígrafo rojo normal | 1,05 |
| A0075 | Lápiz 2B | 0,55 |
| A0012 | Goma de borrar | 0,15 |
| A0089 | Sacapuntas | 0,25 |

Se pide, para cada una de las siguientes consultas, indicar el resultado de la misma y escribir las expresiones correspondientes del álgebra relacional, cálculo relacional de tuplas y cálculo relacional de dominios:

a) Obtener todos los datos de los artículos con precio inferior a 0,75 €.

b) Obtener la descripción y el precio de los artículos con precio superior a 1 €.

c) Obtener la descripción de los artículos solicitados en el pedido P0004 y el número de unidades solicitadas de cada uno de ellos.

d) Obtener por cada pedido realizado con posterioridad al 20 de febrero de 2025, la fecha del pedido, y por cada uno de los artículos solicitados en él, su descripción, el precio del artículo y el número de unidades solicitadas.

2. A continuación se van a proporcionar varios supuestos prácticos de normalización en los que se va a partir de una relación universal (relación con todos los atributos del universo del discurso) y se deben aplicar las formas normales de la primera a la tercera en orden, dando lugar a un esquema relacional con más relaciones y normalizado hasta la 3FN.

### Liga de fútbol

Se proporciona una relación universal y las siguientes suposiciones semánticas:

Liga (DNI, Nombre_jugador, Fecha_nacimiento, Sueldo, Nacionalidades, Idiomas, Nombre_equipo, Ciudad, Presidente, Cód_partido, Eq_local, Eq_visitante, Fecha, Resultado)

Suposiciones semánticas:

- Cada jugador puede hablar uno o varios idiomas y puede tener una o varias nacionalidades.

- Cada jugador solo pertenece a un equipo, el cual está formado por varios jugadores.

- Cada equipo solo pertenece a una ciudad y tiene solo un presidente.

- El código del partido se refiere solo a los partidos para los que este jugador ha sido seleccionado.

- Por cada partido se almacena, además de su código, el nombre el equipo local, el nombre del equipo visitante, la fecha del partido y el resultado del mismo.

### Almacén

Se proporciona una relación universal y las siguientes suposiciones semánticas:

Almacén (CodTienda, NomTienda, CodCiudad, NomCiudad, Provincia, ComAutónoma, CodArt, NomArt, CantidadArt, PVPArt, IVAArt)

Suposiciones semánticas:

- Cada tienda tiene un código que la identifica, un nombre y está ubicada en una única ciudad.

- Sobre cada ciudad se almacena un código, nombre y la provincia y comunidad autónoma donde está ubicada.

- A una tienda se llevan varios artículos, identificables por su código y nombre.

- Para cada artículo que se lleva a una tienda, se necesita almacenar la cantidad que se lleva periódicamente y el precio al que se le vende a la tienda el artículo.

- La cantidad llevada a cada tienda varía dependiendo de las necesidades locales.

- La cantidad y precio unitario de un artículo difiere de una tienda a otra dependiendo de la demanda local.

- *IVAArt* hace referencia al tipo de IVA aplicable al artículo (4 %, 10 % o 21 %) y es siempre el mismo para cada artículo.

## Cursos

Se proporciona una relación universal y las siguientes suposiciones semánticas:

Cursos (CodCurso, NomCurso, DNIAlumno, NomAlumno, NumMatrícula, Centro, Profesor, Texto)

Suposiciones semánticas:

- El código del curso es único; sin embargo, el nombre podría no serlo.

- Un alumno puede estar matriculado en varios cursos.

- Un alumno tiene un número de matrícula distinto para cada curso en el que está matriculado.

- Un curso se imparte en un solo centro.

- Un curso es impartido por un solo profesor, pero un profesor puede impartir varios cursos.

- Un profesor imparte clases en un solo centro.

- Un curso se apoya en distintos libros de texto (atributo *Texto*), y un mismo libro de texto puede servir de soporte a varios cursos.

## Capítulo 3: Descripción y aplicación del modelo Entidad-Relación para el modelado de datos

A continuación se van a proponer varios supuestos de modelización mediante diagramas E-R. Se va a proporcionar por cada supuesto un enunciado que describe el universo del discurso para el que se desea obtener el esquema Entidad-Relación. Se debe obtener el diagrama E-R y el esquema relacional resultante tras aplicar las correspondientes reglas de transformación.

### Liga de fútbol

La Liga de Fútbol Profesional (LFP) tiene el proyecto de implementar una base de datos con estadísticas de la temporada.

En dicha base de datos los futbolistas vendrán identificados por su número de ficha, interesando además su nombre, apellidos, fecha de nacimiento, peso y estatura. Los equipos vienen identificados por su nombre. También se guardan su año de fundación, nombre del presidente, número de socios y estadio en el que juega. Un futbolista puede militar en equipos distintos a lo largo de su carrera deportiva, pero no simultáneamente. De cada contrato entre jugador y club interesa reflejar fecha de comienzo, duración, ficha anual y cláusula de rescisión.

Los equipos disputan partidos entre sí, de los que se guarda un código identificativo, la fecha, el resultado y la jornada a la que corresponden. Cada jugador participa en diferentes partidos (puede que ninguno), siendo relevante el número de minutos disputados, los goles anotados (o recibidos si se trata del portero) y las tarjetas recibidas.

De los árbitros interesa el número de colegiado, el colegio arbitral al que pertenecen, así como nombre, apellidos y número de temporadas en la categoría. Cada partido lo arbitran cuatro colegiados (árbitro principal, auxiliares de banda y cuarto árbitro), siendo de interés saber la función de cada uno de ellos en el mismo.

### Excompañeros

Un grupo de excompañeros de estudios decide que sería interesante organizar una cena anual para mantener su amistad. La cena la organizarán dos personas del grupo que pueden cambiar cada año. Sobre cada cena se desea registrar su fecha y lugar. Cada persona se identifica por su nombre y también se desea almacenar su dirección, teléfono y correo electrónico.

También se pretende registrar el historial profesional de cada uno de los miembros del grupo, o sea, las empresas en las que han trabajado (nombre y actividad), entre qué fechas (fecha de inicio y de fin) y el cargo que han ocupado en cada una de ellas en cada periodo. Se debe tener en cuenta que una misma persona puede haber trabajado en la misma empresa en varios periodos de tiempo y desempeñando distintos cargos.

La aplicación deberá dar respuesta a consultas como las siguientes:

- Teléfono de cada uno de los miembros del grupo.

- Lista de los que han trabajado en una empresa en concreto.

- ¿Dónde está trabajando actualmente Lola Ruiz?

- Lista de los que no estuvieron en la cena del año pasado.

- ¿Dónde tuvo lugar la cena del 2025 y quiénes la organizaron?

### Supermercado

Un supermercado ha decidido informatizar toda su gestión. La información que se desea almacenar es la siguiente:

El supermercado tiene un conjunto de proveedores, de los cuales se desea almacenar su nombre (que es único), dirección y teléfono. Cada proveedor sirve al supermercado uno o varios artículos, y es posible que un mismo artículo sea servido por más de un proveedor. Por cada artículo deseamos saber el nombre, el precio de venta al público, el número de artículo (que es único) y el precio al que lo sirve cada proveedor o precio de venta de distribución (diferente del precio de venta al público).

Por otro lado, el supermercado está organizado en distintos departamentos, cada uno de los cuales tiene un director y una serie de empleados. Cada departamento tiene un código que lo identifica, se corresponde con un área de ventas (panadería, lácteos, charcutería, etc.) y cada artículo solo puede ser vendido por un único departamento.

El supermercado necesita por cada empleado la siguiente información: nombre (que es único), dirección, teléfono, salario y a qué departamento pertenece.

Finalmente, el supermercado tiene clientes que realizan pedidos. Por cada cliente se necesita registrar su nombre (que es único), dirección, teléfono y saldo. Cada pedido consiste en un número de pedido, fecha del pedido, artículos pedidos y cantidad que de cada uno de los artículos se ha solicitado en el pedido.

## Capítulo 4: Modelo orientado a objeto

A continuación se van a proponer varios supuestos de modelización mediante diagramas de clases. Se va a proporcionar por cada supuesto un enunciado que describe el universo del discurso para el que se desea obtener el diagrama de clases. En aquellos supuestos en los que se piden métodos para las clases, no es necesario incluir en la solución métodos constructores, destructores, ni métodos de acceso al valor de un atributo, ni métodos de modificación del valor de un atributo.

## Biblioteca

Una biblioteca dispone de copias de libros para préstamo.

- Los libros se caracterizan por su título, año y autor o autores.

- Los autores se caracterizan por su nombre y nacionalidad. Se considera, como es obvio, que un libro puede haber sido escrito por varios autores.

- Cada copia de un libro tiene un identificador y puede estar en la biblioteca, prestada, con retraso de entrega o en reparación.

- Se almacena información acerca de los préstamos actuales y antiguos.

- De cada lector se registra su DNI, nombre, apellidos y dirección.

- Cada libro se presta un máximo de 30 días. Por cada día de retraso se impone una multa de dos días sin posibilidad de pedir prestado un nuevo libro.

Se pide obtener el diagrama de clases con atributos para cada clase.

## Entidad bancaria

Se desea mecanizar un banco del que se desea conocer su nombre, CIF y dirección. Una vez realizada una entrevista, se ha obtenido la siguiente información:

- Listado de sucursales: código de la sucursal, dirección, teléfono.

- Listado de cuentas corrientes: número de la cuenta, NIF del titular, nombre y apellidos, teléfono, dirección y saldo.

- Listado de operaciones realizables: código de la operación y descripción.

- Listado de recibos domiciliados: número de recibo, número de cuenta de pago, importe del recibo, entidad emisora (empresa que emite el recibo) y fecha.

Las reglas que regulan este sistema son las siguientes:

- El banco tiene muchas sucursales.

- Cada sucursal tiene una serie de cuentas corrientes.

- Cada cuenta corriente tiene asociados uno o más clientes. Sin embargo, es posible que varios clientes con la misma cuenta (por ejemplo, personas de la misma familia: padres e hijos menores) no puedan realizar las mismas operaciones.

- Cada cliente puede tener varias cuentas. En cada una de ellas puede realizar operaciones distintas.

- Cada cuenta puede o no tener uno o varios recibos domiciliados.

Se pide obtener el diagrama de clases indicando para cada clase su nombre y los atributos.


## Puerto de Santurce

Se desea analizar el sistema de control de tráfico portuario del puerto de Santurce. El puerto está formado por un conjunto de muelles. Los datos intrínsecos del puerto son el número, la denominación (puerto de Santurce) y la razón social (Avda. Principal, s/n). Cada muelle posee un número, nombre descriptivo asociado y puede tener una longitud variable entre 30 y 3000 metros.

El tránsito de barcos en este puerto es de barcos de carga y transbordadores, aunque es más habitual el primer tipo de barcos. Dentro de los de carga, hay diferentes tipos, unos propiamente pesqueros y otros comerciales: petroleros y mercantes.

Los barcos de pesca se dedican a la captura de la sardina, pescado abundante en las aguas costeras del país. El sistema deberá mantener como información propia de este tipo de barcos el nombre del barco, el número de licencia de pesca, la empresa propietaria, la longitud del barco en metros (eslora) y la capacidad total de carga en toneladas.

Los buques petroleros sirven para el abastecimiento de las refinerías del país. La información que se debe mantener es: nombre, país, empresa propietaria, eslora, la capacidad total de carga en toneladas y la densidad del petróleo.

Los barcos mercantes abastecen el mercado interior de Vizcaya y la información que se debe mantener es: nombre, país, empresa, eslora, capacidad total de carga y el factor de peligrosidad de la mercancía transportada.

Existe una línea regular de transbordadores que unen Santurce con la ciudad de Londres. El sistema deberá mantener como información propia de los transbordadores el nombre, la eslora, el número de pasajeros y el número de vehículos.

En cada muelle pueden anclarse barcos de cualquier tipo, de tal manera que la suma de las longitudes (esloras) de los barcos anclados no supere la longitud del muelle.

El mismo barco podrá realizar varias operaciones de entrada o salida en este puerto. Se debe recoger una serie de datos para cada operación: nombre del barco, eslora, fecha y hora de la operación. Si es de entrada, se pedirá además el tiempo de estancia aproximado (si es posible), y si es de salida, se anotará el destino del barco y las observaciones que sean necesarias.

La información recogida sobre la tripulación (capitán y marineros) de cada barco es: DNI, nombre, apellidos y sueldo. Si es el capitán, también se requiere la antigüedad.

Cuando un barco quiere efectuar una operación (entrar o salir del puerto), deberá solicitarla el capitán del barco (no podrá hacerlo ningún marinero). Antes de realizar una operación de entrada, se debe comprobar que hay espacio en un muelle. Después de cualquier operación (entrada o salida) se debe actualizar el espacio disponible en un muelle.

Se pide obtener el diagrama de clases indicando para cada clase su nombre, los atributos y los métodos.

# Bibliografía

Oltra, F.; Albert, J., y Vericat, A. *Operaciones con bases de datos ofimáticas y corporativas*. McGraw-Hill, Madrid, 2006.

Piattini, M.; García, F., y Caballero, I. *Calidad de sistemas informáticos*, 1.ª edición, Ra-ma, Madrid, 2006.

Silberschatz, A.; Korth, H. F., y Sudarshan, S. *Fundamentos de bases de datos*. McGraw-Hill, Madrid, 2002.